Las llaves del
Reino

*y las nuevas dimensiones
del Ser*

Índice

Las llaves del
Reino

*y las nuevas dimensiones
del Ser*

Mark L. Prophet
Elizabeth Clare Prophet

SUMMIT UNIVERSITY 🐚 PRESS ESPAÑOL®

Gardiner, Montana

LAS LLAVES DEL REINO
y las nuevas dimensiones del ser
por Mark L. Prophet y Elizabeth Clare Prophet
Publicado por Copyright © 2023 The Summit Lighthouse, Inc.
Todos los derechos reservados.

Esta edición al español es una traducción de
KEYS TO THE KINGDOM
AND NEW DIMENSIONS OF BEING
Teachings of Mark L. Prophet and Elizabeth Clare Prophet
compiled by the editors of Summit University Press
Copyright © 2003 The Summit Lighthouse, Inc. All rights reserved.

Para más información, comuníquese con
Summit University Press, 63 Summit Way, MT 59030.
Tel: 1-800-245-5445 or 406-848-9500
Web site: www.SummitUniversityPress.com
e-mail: info@SummitUniversityPress.com

Library of Congress Catalog Card Number: 2023930975
(Número de Control de la Biblioteca del Congreso: 2023930975)
ISBN: 978-1-60988-436-9 (softbound)
ISBN: 978-1-60988-437-6 (eBook)

SUMMIT UNIVERSITY 🕊 PRESS ESPAÑOL®

25   24   23   23   1   2   3   4

ILUSTRACIONES

GRÁFICOS

Pequeñas llaves
abren las puertas más
grandes y el hombre
debe atravesarlas sin
dudar y sin detenerse
en el umbral

EL MORYA

Las llaves del Reino

Este pequeño libro busca resumir cuarenta años de enseñanzas entregadas a través de Mark y Elizabeth Clare Prophet. Proporciona respuestas a las preguntas más frecuentes: «Dime en pocas palabras: ¿qué es lo que enseñan Mark y Elizabeth Prophet? ¿Cuál es la esencia de su mensaje?».

Es difícil sintetizar en un pequeño libro la misión de toda la vida de estas dos personas extraordinarias. Sin embargo, la inmensidad del mensaje se puede condensar en el gran mandamiento: Ama a Dios, ama a tu prójimo como a ti mismo, ama al Cristo y al Buda interior. Es el sendero que recorrieron los santos de Oriente y Occidente durante siglos.

El mensaje es eterno, aunque Mark y Elizabeth Clare Prophet le dan una nueva perspectiva para un nuevo milenio. En él, encontrarás las llaves que abren la puerta a tu yo interior. Hallarás las claves de tu destino en la Tierra y las claves espirituales para tu viaje de regreso al Hogar, a Dios.

Tu alma ha estado esperando este mensaje durante mucho tiempo. Sin embargo, no necesitabas mirar muy lejos, porque siempre estuvo allí, al alcance de la mano, justo dentro de ti. Es el mensaje del Yo Superior, de la guía interna y del instructor interno. Es el mensaje del corazón.

Tal vez por ello, muchos lo reconocen cuando lo escuchan y lo encuentran extrañamente familiar. Dicen: «Pues, sí, ya sé eso. Siempre he conocido esta verdad eterna».

> *He aquí, vienen días, dice el SEÑOR, en que estableceré con la casa de Israel y la casa de Judá un nuevo pacto. Daré mi ley en su mente, y la escribiré en su corazón; y yo seré a ellos por Dios, y ellos me serán por pueblo.*[1]

Los Mensajeros

Existe un mensajero para cada mensaje que se envía desde el reino de la luz. La tarea del mensajero es la de traer el mensaje de verdad desde esos reinos a la humanidad encarnada. Mark y Elizabeth Prophet son esos dos Mensajeros y su misión es la de traer el Evangelio Eterno, que anticipó el autor del Apocalipsis.

Ser un Mensajero es un llamamiento especial de Dios. Los Mensajeros no aparecen todos los días ni tienen una tarea fácil. Es difícil entregar un mensaje de verdad a la humanidad. La mayor parte de nosotros preferimos no escuchar que deberíamos cambiar o salir de nuestra zona de confort. Pero Dios ha enviado siempre a sus Mensajeros como guías, para mostrar e iluminar el camino en el sendero espiritual y exhortar a los hombres a que regresen a él.

Mark y Elizabeth Clare Prophet

Básicamente, el concepto de Mensajero es simple. Es alguien que es enviado para hacerte recordar lo que ya sabes y quién eres realmente: eres un gran y poderoso ser espiritual; has venido desde el cielo y estás destinado a regresar a él.

Un papel singular

Elizabeth Clare Prophet describió su papel como Mensajera de la siguiente manera:

Mi vocación es la de ser una profeta de Dios. Prophet significa «el que habla por Dios»; por consiguiente, un mensajero. Casualmente (aunque no creo en coincidencias), mi nombre coincide con mi llamado: Prophet (profeta) es el apellido de mi difunto esposo e instructor, Mark L. Prophet. Fue el apellido familiar que se transmitió a través de las generaciones desde Francia a Irlanda, a Canadá y a Chippewa Falls, Wisconsin.

Mark fue un profeta y un Mensajero, a quien Dios llamó a través del Maestro Ascendido El Morya, para que fundara The Summit Lighthouse en Washington D.C. en 1958. Fue y es la persona más extraordinaria que conocí: la más humilde, la más santa, la más humana.

Estuvimos juntos durante doce años, nos casamos, tuvimos cuatro hijos, escribimos muchos libros, dimos conferencias por todo el mundo y construimos nuestro movimiento. Luego, él falleció en 1973; su alma está unida ahora a Dios, aunque siempre está conmigo.

En 1964, recibí el Manto de Mensajera, incluidos los dones del Espíritu Santo. A lo largo de mi ministerio, por la gracia de Dios, he edificado sobre las bases de las enseñanzas proféticas que ya había establecido mi esposo.

Como Mensajera de Dios, me veo como la sierva de la luz de Dios en ti. Y el siervo no es mayor que su Señor. Mi Señor es el Cristo de Jesús y tu Cristo, que son uno y el mismo. Pues, como escribió Juan el Amado: Ese Cristo fue y es «la luz verdadera, que alumbra a todo hombre que viene al mundo».[2] Por lo tanto, vengo como una sierva de esa luz, tu luz, mi luz; tu Cristo, mi Cristo.

CAPÍTULO 1
Seres de luz en el reino del cielo

Muchas personas que han tenido experiencias cercanas a la muerte hablan de encuentros con seres maravillosos de luz, mientras que en el otro lado, aunque algunos, como Jesús, se podían identificar fácilmente, otros no revelaron su nombre, sino que simplemente fluyeron con amor, compasión, enseñanza y guía. ¿Quiénes son estos seres magistrales?

Vamos a investigar el mundo celestial, para que lo percibamos mucho mejor.

Los Maestros Ascendidos

Muchos de los que podrás encontrar en el mundo celestial se conocen como los Maestros Ascendidos. Ellos son nuestros hermanos y hermanas mayores en el sendero espiritual. Se han graduado de las aulas de la Tierra y han regresado a Dios. Desde el reino celestial, guían y enseñan a la humanidad.

Conocemos a muchos de estos Maestros, ya que han estado entre nosotros a lo largo de las eras. Otros pueden ser desconocidos para nuestra mente externa. Desde el inicio de los tiempos, estos seres magistrales han surgido de todas las razas y nacionalidades, de todas las condiciones sociales y de todas las religiones. Algunos de ellos son seres antiguos de luz y hace mucho tiempo, sus nombres derivaron de las llamas que llevan.

Cualquiera fuera su origen en la inmensidad del universo de nuestro Padre, todos tienen algo en común. Han equilibrado el mal uso de la energía de Dios (su karma), logrado su misión singular en la Tierra y han ascendido de regreso al corazón de Dios. Todos y cada uno de ellos comparten una luz común. Estos seres amados forman parte de la fraternidad de seres espirituales y huestes angelicales conocidos en la Tierra y en el cielo como la Gran Hermandad Blanca.* Se habla de ellos

*Blanca no se refiere a la raza o a la nacionalidad, sino a la luz blanca que rodea a los inmortales. La Gran Hermandad Blanca es una orden espiritual de santos y adeptos de todas las razas, culturas y religiones. Estos maestros trascendieron los ciclos de karma y renacimiento y se reunieron con el espíritu del Dios vivo.

en Apocalipsis 7 como la gran multitud de santos «vestidos de ropas blancas», que están delante del trono de Dios.

Entre estos santos hay adeptos muy conocidos como el Buda Gautama, Maitreya, Jesucristo, San Miguel Arcángel, Zaratustra, Moisés, Melquisedec, Madre María, Teresa de Ávila, San Francisco, Saint Germain, Padre Pío y El Morya, para nombrar solo a algunos. Entre sus filas también encontramos a innumerables y anónimos corazones amorosos, siervos de la humanidad que regresaron al Hogar y son una parte del Dios vivo para siempre.

Los Maestros Ascendidos están muy interesados en las evoluciones de la Tierra y el progreso de la luz en toda área del esfuerzo humano. A menudo trabajan entre bastidores en el reino espiritual y sirven junto a buscadores sinceros y servidores públicos de todas las razas, religiones y ámbitos de la vida, con el fin de ayudar al progreso de la evolución de la humanidad.

Los Maestros Ascendidos son los instructores de la humanidad. Asumen un interés personal amoroso por sus estudiantes y a menudo interceden en su vida de muchas maneras, tantos visibles como invisibles. Enseñan el sendero del triunfo de la victoria, por donde el alma puede recorrer la Tierra con automaestría, seguir los pasos de Jesús, del Buda o de otras grandes luminarias y regresar al mundo celestial al concluir una vida de servicio. Este es el sendero de Cristeidad personal, por medio del cual cada uno puede encontrar el camino de la superación. Las huellas de quienes nos han precedido lo marcan y hay guías que pueden asistirte a descubrir los pasos que necesitas tomar. Ellos pueden señalar los obstáculos y la vía más fácil a través del terreno escarpado. Tienen cuerdas y herramientas para ayudarte en el ascenso y ofrecerte una mano en los lugares difíciles, arriba y sobre el precipicio. Los guías no pueden escalar hasta la cima de la montaña por ti, pero están allí para apoyarte en todo lo que puedan.

Al haber caminado por donde lo hacemos ahora nosotros, los Maestros están bien calificados para enseñarnos. Y al mismo tiempo que nos instruyen, son estudiantes de otros Maestros que están por encima de ellos en la gran cadena del ser, la jerarquía celestial. El sendero del discipulado continúa en el mundo celestial y es un modelo de la relación estudiante-instructor, Maestro-discípulo en la Tierra.

Hogares de Luz en el mundo celestial

El mundo celestial es un lugar inmenso y bien organizado. Entre las vistas que podrías tener, hay hermosos retiros y lugares de aprendizaje. El retiro de un Maestro Ascendido es un foco de la Gran Hermandad Blanca anclado en el plano etérico, donde residen los Maestros. (El plano etérico es solo una dimensión, que está arriba de nuestro mundo físico, mental y emocional. Esta dimensión tiene una vibración superior, a la que llamamos cielo u octava maestra ascendida).

Así como tenemos casas y ciudades terrenales, de igual manera existen hogares y ciudades de luz en el mundo celestial. El retiro de un Maestro podría tener muchas habitaciones o edificios, para albergar a muchas almas y para cumplir innumerables funciones. Hay habitaciones para reuniones del consejo, donde los Maestros se congregan para conversar acerca de los asuntos de la tierra y el cielo, templos de devoción y adoración, centros de aprendizaje y depósitos de la gran sabiduría de las eras, lugares para instruir a las almas de luz, mientras viajan en sus cuerpos más sutiles durante las horas de sueño o entre encarnaciones y lugares de descanso al finalizar una estadía en la Tierra. Así también, estos retiros son puntos de anclaje para ciertas energías espirituales a favor de la humanidad.

Las almas de la humanidad, quienes están encarnadas y desean instruirse, pueden visitar estos retiros en su conciencia solar, mientras su cuerpo duerme. Vienen a aprender y a estudiar, a comprender las circunstancias de su vida y a prepararse para los desafíos de la vida cotidiana en los salones de la Tierra. Muchos están trabajando de manera consciente en estos niveles internos, mientras se preparan para la vocación o la misión de su vida: su plan divino. Puedes visitar estos retiros durante algún tiempo, antes de tener un recuerdo consciente de tu experiencia allí. Y aunque hayas escuchado ahora acerca del concepto del retiro de un Maestro Ascendido, los retiros en sí no son nuevos, son antiguos. Son focos espirituales de la Gran Hermandad Blanca, que se establecieron casi al mismo tiempo del nacimiento del planeta. Juegan un importante papel en la evolución espiritual de la humanidad. Un retiro es más que un lugar en el que vive un Maestro Ascendido y recibe a sus estudiantes o chelas. Es un mandala o un campo energético, que las jerarquías solares usan para emitir incrementos de energía a un planeta y su gente. Esta luz es necesaria para el avance progresivo de la vida en el planeta. Los Maestros bajan esta luz a través de sus chelas para distribuirla entre los hombres. Esta luz y esta energía literalmente sostienen el planeta como una plataforma para la evolución de todos los que viven aquí.

Hay muy pocos buscadores sinceros de la verdad que aún no han viajado a estos retiros. Es posible que los hayas visitado, mientras tu cuerpo dormía por la noche, aunque no tengas un recuerdo externo de esta experiencia.

Uno de los retiros que se visitan con mayor frecuencia es el Royal Teton. Está ubicado en la cordillera Teton, cerca de Jackson Hole, Wyoming.

La cordillera los Teton, Wyoming

Este centro grande y activo es el retiro principal de la Gran Hermandad Blanca en el continente americano. Es un antiguo foco de gran luz, que funcionaba mucho antes del hundimiento de la Atlántida, hace más de 12 000 años. Es un lugar en el que se reúnen los Maestros Ascendidos y sus discípulos, aun cuando muchos de los Maestros también mantengan las funciones especializadas en sus respectivos retiros en otras ubicaciones.*

El Retiro Royal Teton es el sitio de una de las Universidades del Espíritu, donde miles de seres humanos no ascendidos asisten a clases de instrucción todas las noches. En estas Universidades, aprenden acerca de ley cósmica, las circunstancias de su karma, su plan divino, las condiciones de la Tierra y otra información vital para la evolución continua del planeta. Cuando se despiertan del sueño, a menudo se inspiran para buscar con urgencia en la Tierra lo que ellos recuerdan del reino celestial.

Una simple petición u oración puede permitir que los ángeles te lleven a los retiros de los Maestros, mientras tu cuerpo duerme por la noche.

---

*Para más información acerca del Retiro Royal Teton y otros retiros de los Maestros Ascendidos, véase *Los Maestros y sus retiros*, de Mark y Elizabeth Clare Prophet.

Aquí hay una oración que puedes hacer para que te lleven al Retiro Royal Teton:

Oración para el viaje del alma

Padre, en tus manos encomiendo mi espíritu. Poderosa Presencia YO SOY y Santo Ser Crístico, pido al Arcángel Miguel y a sus legiones de ángeles del relámpago azul que me protejan y lleven mi alma vestida con mis cuerpos sutiles al Retiro Royal Teton, cerca de Jackson Hole, Wyoming, esta noche. Escóltenme, instrúyanme, guíenme y protéjanme, mientras trabajo para liberar a toda la vida en la Tierra. Pido que esto se haga de acuerdo con la santa voluntad de Dios.

Los siete rayos del arco iris

El sendero de regreso a la fuente se puede transitar sobre los siete rayos de la conciencia Crística, que surge de la luz blanca.

Imagina un rayo de luz blanca, que entra en un prisma y se divide en los siete rayos del arco iris. Estos conforman la división natural de la luz blanca pura, que emana desde el corazón de Dios, mientras desciende a través del prisma de manifestación. Estas son las subdivisiones de la integridad de Cristo.

Los siete rayos se describen de la siguiente manera:

(1) Azul: poder y fe
(2) Amarillo: sabiduría e iluminación
(3) Rosa: amor y belleza
(4) Blanco: autoridad y pureza
(5) Verde: ciencia, curación y provisión
(6) Morado y oro: ministración y servicio
(7) Violeta: transmutación y diplomacia

Los colores de los rayos que surgen de la luz blanca nos recuerdan la túnica de José de diversos colores. Así como la túnica sin costuras del Señor Jesucristo era blanca, de igual manera, cuando estuvo encarnado como José, vistió la túnica de diversos colores. Los diversos se convirtieron en el uno en el Cristo. Y desde esa luz Crística se pueden atraer los muchos colores de la perfección universal. Sin importar su color, todos los rayos tienen un núcleo de fuego blanco de pureza, que encarna todos los atributos Divinos.

Cada día de la semana se emite a la Tierra una concentración especial de uno de los siete colores del arco iris de Dios. Cuando estos rayos entran en el mundo físico, se convierten en una llama, que estalla con energía para encender el mundo con los siete colores del arco iris.

Los que deseamos seguir los pasos del Cristo podemos meditar en los colores del arco iris de la perfección de la luz.

Meditación en los rayos del arco iris

El azul es la llama de la fe, la promesa, la constancia, el poder, la fortaleza, la honestidad y la voluntad de Dios. Fluye desde los vastos y luminosos reservorios hacia el mar y el cielo. Es la bendición de los martes a la Tierra.

El amarillo es la fusión del dorado y el blanco, que imparte iluminación, la consagración del conocimiento correcto, el servicio del conocimiento correcto, el brillo superior de la mente Crística y el establecimiento de la ley de relaciones armoniosas entre los pueblos, entre Dios y todas las personas. Es el rayo del sol que se envía a la Tierra el domingo, el día del sol.

El rosa es el símbolo del amor Divino. El amor es alegre, optimista y hermoso. A través del poder del amor, los hombres aprenden el modo de transmitir a los demás la belleza y la compasión que han recibido de Dios. El amor es el requisito del momento. Al entregar esta caridad y belleza, no hay delito, sino solo el intercambio justo entre todas las almas, que se ennoblecen mediante el mismo amor que es Dios. El lunes es el día de la semana que está imbuido del poder creativo del amor.

El rayo blanco de la pureza está compuesto de todos los colores del arco iris. Tiene su propia envoltura gigantesca que, como un mar de llama líquida, sostiene ante los hijos de los hombres el anhelo de ser una parte de lo que nunca puede contaminarse a través de la razón o de un acto engañoso. La luz blanca es la mente de Dios, la naturaleza y el carácter de Dios. Es la libertad de toda mancha y culpa, la fusión triunfante de los muchos colores en la pureza del uno. El viernes es el día en que el hombre obtiene su libertad de las cadenas de la limitación, a través de la pureza.

El rayo verde infunde toda la vida con la combinación perfecta del amarillo y el azul, la fe y la sabiduría de Dios en la Naturaleza.

La renovación eterna del color verde carga al hombre con la saludable y nutritiva clorofila del sol, el fuego del sol y el fuego del poder para crear. El verde curativo restablece la naturaleza primordial de Dios en el hombre. El rayo verde provee al hombre de todo lo que le falta y es el color de la abundancia y la provisión. Penetra la Tierra los miércoles, el día de la curación y la integridad.

El morado y oro infunde al hombre el deseo de servicio cósmico. Los colores simbolizan el sacerdocio de los verdaderos creyentes. El morado habla del fuego iluminado del alma. Este fuego debe ayudar a toda parte de la vida a reunirse con su fuente y con la ley dorada que Dios ha distribuido a los hombres. Es la ministración del Cristo a sus discípulos, del siervo que no es mayor que su Señor. Esta acción doble del cuerpo de Dios (morado) y de su esencia (dorada) baña a la Tierra los jueves.

Finalmente, el rayo violeta sintetiza en la acción los rayos del amor y del poder, el rosa y el azul, que forman el resplandor de la llama violeta. También se le llama morada real y muestra el sentido del manto emergente en la conciencia del hombre.

Dios ha acariciado y bendecido al individuo, quien ahora debe llevar el manto del séptimo rayo, la túnica del tacto, la diplomacia y el juicio. Debe mediar de la mejor manera posible por sus semejantes, por quienes aún no han avanzado a su nivel de logro. Debe servir a la causa de la libertad y ayudar a liberar a los hombres del cautiverio que ellos mismos han creado. No espera agradecimiento, sino que mantiene en su corazón agradecido el sentimiento de gratitud por un mayor servicio, para poder dar mañana más de lo que pudo entregar en menor medida hoy. El rayo violeta se amplifica el sábado, un día para detenerse y considerar el significado y el ritual de la libertad.

Discipulado bajo los siete Maestros de sabiduría

Los siete rayos del arco iris presentan siete senderos para la automaestría individual, definidos como los siete arquetipos de Cristeidad. Hay siete Maestros, quienes han dominado la identidad al recorrer los siete senderos de los siete rayos; y ahora están para ayudar a otros a caminar por estos senderos.

Se conoce a estos siete maestros como los chohanes de los siete rayos. *Chohán* es un término sánscrito que significa «Señor». Los chohanes definen la ley en su rayo; a través de ellos, esa energía del Cristo y de Dios fluye hacia la humanidad, a todos los que están evolucionando en ese sendero particular.

Los chohanes son los Maestros Ascendidos más cercanos a nosotros. Trabajan en los planos de la perfección, pero estos planos se unen simultáneamente con el plano material, en el que estamos.

Hay una congruencia de espíritu y materia; y el tiempo y el espacio son solo coordenadas del infinito. Por lo tanto, podríamos decir que los chohanes están siempre con nosotros. Todos ellos son instructores de la humanidad. Cada uno de ellos te abre un sendero de disciplina que se corresponde con el rayo y el chakra (centro espiritual) que él representa. Veamos brevemente a estos siete chohanes y sus retiros.

El Morya, chohán del primer rayo, mantiene su foco de la voluntad de Dios en el plano etérico en Darjeeling, India. Es el Jefe del Consejo de Darjeeling, un consejo de Maestros Ascendidos de la Gran Hermandad Blanca.

Lanto es el señor del segundo rayo, el rayo amarillo de la iluminación. Sirve en el Retiro Royal Teton. Está dedicado en especial en la educación de la juventud del mundo.

Pablo el Veneciano es el chohán del tercer rayo del amor divino, la llama rosa. Es el jerarca del Château de Liberté, en el sur de Francia. Patrocina la cultura de Maestro Ascendido para esta era y trabaja con todos los que desean dar a luz esa cultura a favor de la humanidad.

A continuación, llegamos al gran disciplinador, Serapis Bey, el chohán del cuarto rayo. Serapis mantiene el foco del templo de la Ascensión en Lúxor, Egipto. Este es el lugar en el que se recibe a los candidatos para la ascensión y se considera que es el retiro al que es más difícil entrar. Serapis Bey es el Maestro del Sendero a la Ascensión.

Hilarión es el chohán del quinto rayo, el rayo verde de la precipitación y la verdad. Estuvo encarnado como el apóstol Pablo. Mantiene el templo de la verdad en el plano etérico, sobre la isla de Creta, en Grecia. Trabaja en especial con los ateos, los agnósticos, los escépticos y otros que han llegado a desilusionarse de la vida y de la religión.

Nada es la chohán que preside el sexto rayo de ministración y paz. La llama del sexto rayo es morada, el color de las violetas, salpicada de dorado metálico. El retiro de Nada está en Arabia Saudita.

Saint Germain, chohán del séptimo rayo, mantiene una posición muy importante en la jerarquía en esta era. No es solo el chohán del séptimo rayo de la libertad, la misericordia, la transmutación y el ritual, sino que también es el jerarca de la Era de Acuario. Las vibraciones de la llama violeta se pueden sentir desde su retiro etérico sobre las laderas de los Cárpatos en Rumania y desde la Cueva de los Símbolos en los Estados Unidos.

La jerarquía cósmica es la que asigna divinamente los cargos de los siete chohanes de los rayos. Los que ocupan estos cargos se seleccionan entre los seres ascendidos más calificados, que se han elevado desde las aulas de la Tierra. Cada uno ha logrado la automaestría y obtenido la ascensión, al servir a la humanidad en uno o más de los siete rayos a través de sus encarnaciones en el mundo de la forma.

El chohán de cada rayo es responsable de administrar todos los aspectos de su rayo a la humanidad, mientras armoniza su administración con los otros seis rayos de la luz blanca. Los chohanes siempre obedecen la ley cósmica; sin embargo, se les otorga cierta libertad, de acuerdo con su propia evolución, sus capacidades y talentos individuales para que dirijan a la humanidad de la manera más hábil, con asistencia amorosa y guía espiritual, según sea necesario. Legiones de las huestes angelicales y hermanos ascendidos sirven con ellos, con el fin de llevar a cabo el plan de la Gran Hermandad Blanca, para la expresión más completa posible de los siete rayos.

Los hombres se destacan en ciertos rayos, con el fin de poder desarrollar un servicio específico a Dios y al hombre. Cada uno de nosotros «se especializa» en un rayo particular; y también tenemos un rayo «secundario», en el cual servimos. Nuestro rayo puede variar de una encarnación a la siguiente, pero la recompensa por el servicio es acumulativa. Y, por lo tanto, se pueden retener poderosos ímpetus acumulados de nuestro servicio pasado en varios o en todos los rayos. Se requiere un equilibrio del logro en todos los siete rayos para alcanzar la ascensión y el sello del hombre de la era dorada.

Los servicios de los siete chohanes impactan en todos los que trabajan en el mundo, cualquiera fuere su nivel de servicio: jefes de Estado, líderes y organizadores están en el primer rayo bajo El Morya; maestros, filósofos y educadores sirven en el segundo rayo bajo Lanto; artistas, diseñadores, esteticistas y aquellos que poseen una naturaleza creativa sirven en el tercer rayo bajo Pablo el Veneciano; arquitectos, planificadores y los que se dedican a la pureza y a la disciplina de cualquier proyecto sirven con Serapis Bey en el cuarto rayo; doctores, científicos, sanadores, músicos, matemáticos y los que se consagran a la verdad sirven en el quinto rayo con Hilarión; ministros, enfermeros y todos lo que administran las necesidades de la humanidad asisten a Nada en el sexto rayo; diplomáticos, sacerdotes del fuego sagrado, actores, escritores y defensores de la libertad sirven con Saint Germain en el séptimo rayo.

Si carecemos de uno de estos atributos divinos y deseamos progresar en un sendero particular para regresar a Dios, podemos orar a nuestra Presencia Divina, a nuestro propio Santo Ser Crístico y al chohán de ese rayo en el cual se encuentran esas cualidades que deseamos que se manifiesten en nosotros. Por ejemplo, podemos rezar a Pablo el Veneciano para que nos ayude a desarrollar más amor en nuestra vida y a comprender el verdadero significado del amor Divino, de manera que podamos servir mejor a la humanidad. Al trabajar con un chohán, podemos avanzar grandemente en nuestro progreso espiritual en un tiempo comparativamente corto. Si no estamos seguros de cuál es nuestro rayo, lo mejor es comenzar con el primer rayo y el maestro El Morya, quien prepara a los estudiantes para trabajar con los demás Maestros.

CAPÍTULO 2
Tu Yo real

Tienes un destino espiritual singular. Una de las claves para cumplir ese destino es reconocer que tienes una naturaleza divina y una relación directa con Dios.

Tienes un Yo Superior ¡y no tienes que morir e ir al cielo para verlo! Estás representado en la Gráfica de tu Yo Divino, que es un retrato tuyo y de Dios en ti.

Dannion Brinkley, un autor famoso y experto en experiencias cercanas a la muerte, no podía creer lo que sus ojos veían cuando estuvo frente a esta Gráfica, mientras permanecía sentado junto a alguien en un avión. Había visto su Yo Real en su propia experiencia cercana a la muerte.

Sabía que quien fuera el que había dibujado esa Gráfica había estado donde él había estado y visto lo que él había visto.[3]

La Gráfica de tu Yo Divino

La Gráfica es simple, aunque profunda. Si pudiéramos sacarte una foto desde una perspectiva espiritual, tendrías esa apariencia. Tu realidad espiritual contiene tres figuras; cada una corresponde a una de las tres personas de la Trinidad. La figura superior es tu Yo Divino, la figura media es tu instructor interno o tu Ser Crístico y la figura inferior eres tú como un alma que evoluciona en la Tierra.

Tu Presencia YO SOY

La figura superior en la Gráfica es tu Presencia YO SOY. Se corresponde con el aspecto paterno de Dios. Para los hindúes es Brahma. Los budistas lo llaman el Dharmakaya, mientras que los cristianos piensan acerca de él como Dios, el Padre. Es el espíritu de Dios individualizado para cada uno de nosotros.

YO SOY EL QUE YO SOY es el nombre de Dios que se le reveló a Moisés en el Monte Sinaí. Dios dijo a Moisés: «YO SOY EL QUE YO SOY. Así dirás a los hijos de Israel: YO SOY me ha enviado a vosotros [...]. Este es mi nombre para siempre; con él se me recordará por todos los siglos».[4] Es un nombre antiguo; sin embargo, lo usamos todos los días cada vez que pronunciamos las palabras «YO SOY», estamos diciendo en realidad: «Dios en mí».

De acuerdo con tu nivel de devoción, tu Presencia YO SOY puede estar muy cerca o muy lejos de ti. Cuando te acerques a Dios a través de pensamientos, sentimientos y acciones amorosas, tu Presencia YO SOY se acercará a ti, así como la epístola de Santiago dice: «Acercaos a Dios y Él se acercará a vosotros».

Tu Presencia YO SOY está rodeada de siete esferas concéntricas de energía espiritual que componen lo que se denomina tu «cuerpo causal». Las esferas de energía palpitante contienen los registros de todas las buenas obras que has llevado a cabo. Son como tu cuenta de banco cósmico en el cielo. Las esferas en orden desde el centro son blanca, amarilla, rosa, violeta, púrpura y oro, verde y azul.

Tu Santo Ser Crístico

La figura del medio es tu maestro interno, el Cristo interno. Tu Santo Ser Crístico puede ayudarte todos los días de pequeñas y grandes maneras. Puedes pensar en tu Ser Crístico como tu amigo más querido y tu ángel guardián principal. Así como la figura superior, la Presencia YO SOY, es la Presencia Universal de Dios, el Padre individualizado para cada uno, de la misma forma el ser Crístico es la Presencia Crística universal en cada uno de nosotros.

Algunas veces, las personas se confunden o se inquietan respecto de la palabra *Cristo*. El término proviene del griego *Christos*, que significa «ungido». De ahí, el Ser Crístico es el que es ungido con la luz del Señor, la Presencia YO SOY. Si la palabra te preocupa, puedes reemplazarla por Buda, Alá o Jehová, cualquiera sea el nombre particular con el que te identifiques.

El Ser Crístico es la voz que habla en nuestro corazón, la vocecita queda del hombre oculto del corazón. Es la voz de la conciencia que discierne el bien del mal, nos guía y nos orienta de manera inequívoca, cuando aprendemos a escuchar. El Ser Crístico es el mediador entre Dios y el hombre y se corresponde con la segunda persona de la Trinidad, el Hijo de Dios. La Biblia se refiere a Jesucristo como «el hijo de Dios», porque Jesús se unió a su Ser Crístico. De hecho, el Padre y el Hijo habitaban plenamente en Jesús, como Él dijo y Pablo dio testimonio de ello. El Ser Crístico es el Cristo de Jesús, tu Cristo y el mío.

No existe un registro en las escrituras en las que Jesús diga que él es el único hijo de Dios, que tiene derecho exclusivo a la Filiación Divina. La ortodoxia falla en su reclamo acerca de la divinidad y la filiación exclusivas de Jesús, que niega el potencial Divino y Crístico de las todas las demás almas. No puede ver lo que Juan el Amado vio, que todo hombre (toda manifestación de Dios) que viene al mundo se enciende con la luz del mismo Dios y el mismo Cristo, que habitaba en el templo de Jesús. «Aquella Luz verdadera, que alumbra a todo hombre, venía a este mundo».[5]

La diferencia entre Jesús y el resto de nosotros es que Jesús tenía el logro pleno de esa Divinidad y de ese hijo unigénito que moraba en su cuerpo. Como aún no hemos perfeccionado nuestra Cristeidad en nuestra alma y en nuestro cuerpo de carne, la Presencia YO SOY y el Ser Crístico moran encima de nosotros (no en nosotros) y van delante de nosotros para iluminar nuestro camino.

Toda alma tiene una misión. Jesús tenía la misión de demostrar el sendero de la unión del alma con la Presencia YO SOY y el Ser Crístico. Fue el ejemplo de lo que cada uno de nosotros debe llegar a ser. Él es nuestro Señor y Salvador, porque nos hemos alejado mucho de la casa del Padre y del Hijo; y, por lo tanto, sin su mediación, solos no podemos entrar en nuestra verdadera relación con el Padre y el Hijo, como se ilustra en la Gráfica ni podemos recibir nuestra herencia divina sin su gracia.

Tu Ser Crístico te protege dondequiera que estés y vayas. Ese Ser Crístico te dota con la capacidad de ser «consciente en Cristo» en todo momento o, con otras palabras, de tener la «conciencia Crística» siempre.

Los primeros gnósticos cristianos, cuyas obras la ortodoxia suprimió, enseñaron los mismos principios. El evangelio de Felipe describe al seguidor de Jesús, quien va plenamente tras los pasos «ya no como cristiano, sino como un Cristo».[6]

En el evangelio de Tomás, Jesús dice: «El que beba de mi boca será como yo. Yo mismo me convertiré en él».[7] Puedes pensar que Jesús diría:

El «yo» que es el Cristo en mí es el mismo «yo», que es el Cristo en vosotros. Por lo tanto, cuando lleguéis a ser (uno con) el mismo Cristo que YO SOY (pues hay solo un Cristo), entonces yo he de convertirme en vosotros y vosotros, en mí, *como YO SOY*.

Los textos budistas también hablan de la naturaleza divina que cada alma puede exteriorizar. La describen como la «esencia búdica» que está «en todos los seres de todas las épocas».[8] En Occidente, este concepto de la encarnación potencial de la luz de Dios, del Buda interno y del Cristo interno, en todos los niños de Dios no se conoce bien, pero es una parte de la espiritualidad emergente de nuestro tiempo.

El cordón cristalino

El haz de luz blanca que desciende desde la Presencia YO SOY a través del ser Crístico a la figura inferior es el cordón cristalino. Juan vio el cordón cristalino y lo describió como «un río limpio de agua de vida, resplandeciente como cristal».[9] Puedes pensarlo como el «cordón umbilical», la línea vital, que te une a tu Yo superior. La luz, la energía y la conciencia Divina fluyen a través de ti de manera constante por este cordón; y te otorgan vida, aliento y vitalidad. La luz entra en el cuerpo por la parte superior de la cabeza, nutre y sostiene la llama espiritual en el corazón, así como su latido físico y todas las funciones corporales.

Tus cuatro cuerpos inferiores

La figura inferior de la Gráfica de tu Yo Divino te representa a ti, el aspirante al sendero espiritual, envuelto en la llama violeta, el fuego espiritual del Espíritu Santo.

Cada uno de nosotros tiene un alma, con una percepción que se integra a toda parte de nuestro cuerpo e incluso a nuestros cuerpos más sutiles.

No somos solo un cuerpo físico. Somos magníficos seres espirituales, a los que se nos ha dado un cuerpo físico. Pero también tenemos otros vehículos, otras envolturas del alma. Pensamos, tenemos sentimientos y deseos; tenemos una memoria anterior del alma que traemos con nosotros. Por lo tanto, tenemos un cuerpo mental, un cuerpo de deseos y un cuerpo de la memoria, así como un cuerpo físico. Estos cuatro cuerpos son las «túnicas de pieles»[10] que revisten el alma. Se corresponden con los cuatro elementos.

El cuerpo etérico o cuerpo de la memoria es el que tiene la vibración superior y es la envoltura natural del alma. Se corresponde con el elemento fuego. Dios ha colocado el arquetipo de la identidad del alma en su interior, ese arquetipo que se manifestará como conciencia, como mente, como emoción y como la matriz física misma.

El cuerpo etérico tiene dos compartimentos. El cuerpo etérico superior contiene la luz prístina de nuestro plan divino original y el registro de todo el bien que hemos manifestado y se ha acumulado en nuestro cuerpo causal. Se relaciona con la mente supraconsciente. El cuerpo etérico inferior contiene los registros y patrones subconscientes de todo lo que hemos experimentado en el universo material.

Los dos cuerpos etéricos contienen los registros que se encuentran en el ser del hombre de su cielo y de su tierra: de la perfección del origen del alma en Dios, su mundo celestial y la transformación de su alma y su conciencia a través de sus muchas experiencias en el tiempo y el espacio.

El cuerpo mental se corresponde con el elemento aire. Este cuerpo tiene el propósito de ser el vehículo de la mente de Dios, de la mente del Cristo y del Buda; en cambio, hemos tomado esa preciosa energía que nos han otorgado y hemos grabado en ella nuestra versión de la mente, que se ha convertido en la mente carnal o el intelecto.

Hemos usado el cuerpo mental solo como un receptáculo del conocimiento mundano, en vez de incluir también el conocimiento del otro mundo.

En la mayoría de los hombres, el cuerpo mental ha llegado a ser un vehículo muy limitado, cuando podría ser el instrumento de la plenitud de la mente de Dios, que se manifestaba en Jesucristo y el Buda Gautama.

El propósito del cuerpo de deseos (también llamado el cuerpo de sentimientos) es el de expresar el deseo de Dios. Dios desea solo ser Dios. Y este único deseo debería ser la experiencia de nuestra meditación y de nuestra comunión. El cuerpo de sentimientos es el cuerpo de la energía en movimiento, o emoción, que se corresponde con el elemento agua.

A través de este cuerpo, estamos destinados a experimentar los intensos sentimientos de Dios como amor, como verdad, como bondad, como compasión, como pureza y más. Pero en cambio, muchas personas lo utilizan hoy para registrar sentimientos de ira y orgullo, celos y venganza, odio e intenso temor y ansiedad.

Finalmente, tenemos el cuerpo físico, ordenado por Dios para que sea el vehículo para el alma y el espíritu. Aunque nuestro cuerpo físico tiene el propósito de ser el templo del Espíritu Santo, el templo del Dios vivo, muchos han permitido que toda clase de perversiones e impurezas entraran al templo, desde todas las impurezas que hallamos en nuestros alimentos hasta la oscuridad de la impureza que se refleja de los mundos mental y emocional. La invasión del templo corporal ha aumentado en gran manera y muchos están sujetos a fuerzas invisibles. En los tiempos de Jesús, se consideraba como posesión demoníaca.

Estos cuatro cuerpos inferiores forman los cuatro lados de nuestra gran pirámide de la vida. Son las líneas de demarcación que nos separan de la conciencia de masas. Cuando tenemos una identidad que se define en Dios con claridad, podemos retener la singularidad del yo en Dios. Cuando nuestra individualidad no está definida con claridad, entonces tendemos a unirnos a toda clase de vibración, visible e invisible, como si fuéramos una medusa que flota en el mar de la conciencia de las masas.

Los cuatro cuerpos inferiores están fusionándose con capas de conciencia. Se pueden comparar con cuatro coladores, apilado uno encima del otro. Cuando los agujeros se alinean correctamente, el agua puede fluir con facilidad a través de los cuatro. Pero cuando los agujeros no quedan alineados, se obstruyen y el agua no puede pasar con fluidez. De manera similar, cuando los cuatro cuerpos inferiores están en línea y funcionan de acuerdo con su designio original, la luz puede fluir a través de ellos sin límites.

En muchos casos, los cuatro cuerpos inferiores necesitan purificarse y sanarse para poder alojar de manera más adecuada al espíritu. Los diferentes cuerpos se afectan entre sí y las cargas de uno pueden reflejarse en otros. La integridad se manifiesta a través de la integración de las energías de los cuatro cuerpos inferiores y se produce a través de la llama situada en el corazón.

Todos los hijos de Dios tienen una chispa divina en el corazón. Es su potencial para convertirse en la plenitud del Yo Superior, el Cristo interior o el Buda interior. Este concepto de la luz interior está en el centro de las principales religiones de Oriente y Occidente. A través de esta chispa divina, tenemos el potencial para regresar a Dios, como lo hizo Jesús.

Tu alma y tu espíritu

Tu yo inferior se compone de tu alma y tu espíritu. Sí, tienes un alma y un espíritu y no son lo mismo.

Tu Espíritu (con E mayúscula) es el aspecto masculino de Dios, Dios el Padre. También representa el plano de la Presencia YO SOY. Tu espíritu (con e minúscula) es la esencia purificada de tu yo. Es la presencia penetrante y predominante, por medio de la cual nos conocen. Se define como el principio vivificador o vital de tu vida que llevas contigo a lo largo de todas las encarnaciones de tu alma. Determina la energía y qué clase de persona eres. Tu espíritu es la vibración más importante, que se refleja en tu carácter, la esencia de quién eres.

El alma es el aspecto no permanente del ser

que evoluciona a través del tiempo y el espacio. Es posible que el alma se pierda. Y también es posible que llegue a ser permanente, a través del ritual del regreso a Dios, que llamamos la ascensión.

El alma es el potencial femenino del hombre en polaridad con el espíritu masculino; y por eso se le menciona como «ella». También se le denomina el niño interno. Este es sumamente sensible y tiene una profundidad de entendimiento y percepción a un nivel del «alma», acerca de lo que está sucediendo en nuestro mundo. El alma necesita de la guía y el consuelo del adulto interno amoroso o el Yo Superior.

El don del libre albedrío

Una ley universal que nos afecta a diario es la ley del libre albedrío. La Tierra es un salón de clases. Estamos aquí para aprender nuestras lecciones y graduarnos de esta escuela. Y para aprender las lecciones, Dios nos otorgó libre albedrío aquí en la Tierra.

Este es uno de los mayores regalos del universo. En efecto Dios nos dijo: «Os estoy dando vuestro libre albedrío en todo el universo material. Haced lo que deseáis. Si queréis ayuda, debéis llamarme, porque os he garantizado y concedido el libre albedrío en todo lo que hagáis». Esta Tierra, este plano físico es nuestro lugar y lo que suceda en él depende de ti y de mí.

Dios nos ha otorgado dos cosas: libre albedrío y el planeta Tierra. No va a quitar ese libre albedrío ni entrar para hacer por nosotros esas cosas que se nos ordena que hagamos. Si deseamos que Dios intervenga en la Tierra, nosotros, que estamos en encarnación física debemos levantar la voz y autorizar al mundo celestial que entre. Nuestro llamado o solicitud de ayuda exige a los ángeles y a los Maestros a que respondan desde su reino de luz.

Dios no ejercerá coerción ni nos obligará de ninguna manera, porque la alegría del libre albedrío es en verdad la alegría del cosmos y ese júbilo es el motor de la vida. Debido a que tenemos libre albedrío, podemos decidir hacer o no hacer, ser o no ser. Dios es un padre amoroso y el regalo del libre albedrío es el gran amor de Dios por nosotros. Podemos caminar con la dignidad de nuestras decisiones correctas y aprender las consecuencias de las que son erróneas. Podemos deshacer las decisiones equivocadas y reemplazarlas por las que son acertadas, mientras Dios nos guía y aprendemos así de los resultados de nuestras decisiones.

La ecuación del karma

La mayoría de nosotros estamos aquí en la Tierra, porque tenemos que cumplir una misión, así como terminar una tarea inconclusa o saldar deudas con la vida. Los principios del karma y la reencarnación nos ayudan a comprender nuestro lugar en el mundo y nos permiten tener percepciones internas acerca de nuestra misión, que es nuestra ofrenda singular al mundo.

Karma es una palabra que escuchamos muchos en estos momentos, pero pocos entienden realmente cómo funciona el karma y menos aún saben qué hacer al respecto. Muchas personas piensan que significa destino, que es algo inevitable; y en efecto, así es. Pero karma es más que destino y más que lo inevitable.

La palabra proviene del sánscrito y quiere decir «acción». La definición hindú es: una acción mental o física y sus consecuencias. En el sentido budista, karma se define como la ley universal de causa y efecto.

Se dice que: «Lo que va, viene». Lo que se siembra, se cosecha. Karma es la causa que hemos puesto en movimiento y los efectos que recogeremos de esas causas. Nuestros pensamientos, sentimientos, palabras y acciones del pasado determinan la vida que llevamos ahora. Lo que pensamos, sentimos, hablamos y hacemos se propaga al mundo de la forma. Lo bueno y lo que no es tan bueno y pusimos en marcha del pasado regresa a nosotros.

En Occidente encontramos que la ley del karma está explicada a lo largo de la Biblia. El apóstol Pablo aclara lo que nuestro Señor le enseñó y lo que él aprendió de la vida:

> Porque cada uno llevará su propia carga... No os engañéis; Dios no puede ser burlado: pues todo lo que el hombre sembrare, eso también segará.
>
> Porque el que siembra para su carne, de la carne segará corrupción; mas el que siembra para el Espíritu, del Espíritu segará vida eterna.
>
> No nos cansemos, pues, de hacer bien; porque a su tiempo segaremos, si no desmayamos. Así que, según tengamos oportunidad, hagamos bien a todos.[11]

Pablo nos está diciendo que tomemos las decisiones correctas en la vida. Si enviamos pensamientos y sentimientos, acciones y palabras positivas, lo mismo regresará a nosotros. De manera similar, con el tiempo nuestras palabras desagradables y nuestro comportamiento perjudicial regresan como ciclos de energía negativa para que los equilibremos. Las elecciones que hacemos, las palabras que hablamos, nuestros pensamientos, sentimientos y acciones afectan el curso de nuestra vida y la de las personas con las que estamos en contacto. Las decisiones que tomamos en el pasado influyen en nuestro presente y en nuestro futuro. Cada uno de nosotros está recogiendo hoy el karma de las decisiones pasadas.

Debido a que a menudo no es posible segar todas nuestras cosechas en una vida, la ley del karma se cumple a través de la ley de la reencarnación como corolario.

La reencarnación es la misericordia de Dios que nos permite segar la cosecha de nuestras siembras pasadas aquí en la Tierra, en vez de consignarnos de manera prematura al «cielo» o al «infierno», cuando no estamos preparados para ninguno de los dos y aún tenemos que hacer cosas en la Tierra. En otras palabras, Dios nos permite reencarnar para reparar errores pasados. El funcionamiento de la Ley es muy exacto. Nos pueden haber ubicado en una posición, por medio de la cual podríamos servir a quienes hemos hecho daño en vidas anteriores. Y Dios devuelve a encarnación a quienes se les impidió o interrumpió la oportunidad de cumplir su destino.

El karma nos predetermina, pero el ejercicio del libre albedrío nos permite romper las cadenas de nuestro karma, dentro de los términos establecidos. La reencarnación nos otorga la oportunidad de aprender las lecciones que el karma, ya sea bueno o malo, nos enseña con su rigurosa disciplina. Entonces, el libre albedrío nos permite elegir capitalizar nuestra cosecha de talentos y buenas obras y pagar las deudas o «equilibrar» nuestros abusos de la luz, la energía y la conciencia de Dios. Hacemos buen karma y saldamos karma negativo al servir y ayudar a los demás, al enviar amor, paz y compasión; mediante la acción correcta y el habla correcta como los preceptos del Buda; y al defender la verdad y la vida cada vez que podamos.

Al concluir la vida, revisaremos todas las acciones y los efectos de nuestros pensamientos, palabras y acciones. Aquellos que han tenido un anticipo de este repaso de vida a través de una experiencia cercana a la muerte nos dicen que experimentaremos los acontecimientos, no solo como un observador, sino como el que está en el extremo receptor de lo que proyectamos en el mundo.

Cuando Dannion Brinkley tuvo esta revisión de la vida, conoció a un ser de luz que dijo: «todos somos un eslabón en la gran cadena de la humanidad. Lo que haces tiene un efecto en los otros eslabones de esa cadena».[12]

A Dannion se le otorgó un período de tiempo para que reflexionara acerca de cuánto amor había dado a los demás y cuánto amor él había recibido. Él pudo escuchar el mensaje del ser amoroso: «Los humanos son seres espirituales poderosos destinados a crear el bien en la Tierra. Este bien a menudo no se alcanza con acciones osadas, sino con actos singulares de bondad entre las personas. Son las pequeñas cosas las que cuentan, porque son más espontáneas y muestran quienes sois en realidad».

Dannion se sintió exultante, porque conocía ahora el simple secreto: «La cantidad de amor y buenos sentimientos que tienes al final de tu vida es igual a la cantidad de amor y buenos sentimientos que pusiste en tu vida. ¡Es así de simple!».[13]

La ascensión: reunión con Dios

El propósito de la evolución de nuestra alma en el aula de la Tierra es el de aprender las lecciones de la vida y cumplir todo lo que estábamos destinados a hacer aquí. Día tras día podemos llevar más de la conciencia Crística y llegar a ser más de ese yo en manifestación.

La culminación del sendero de Cristeidad es la ascensión, una aceleración espiritual de conciencia que tiene lugar al concluir de manera natural la última vida en la Tierra. A través de la ascensión, el alma se une al Ser Crístico y regresa al Dios Padre-Madre, libre de las rondas de karma y renacimiento.

La ascensión llega al terminar las vidas de servicio del alma a la vida. Los requisitos previos para esta graduación de las aulas de la Tierra son: (1) el alma debe unirse con su Ser Crístico; (2) debe equilibrar al menos el 51 por ciento de su karma; y (3) debe cumplir su misión en la Tierra, de acuerdo con su plan divino.

Es posible que el alma, al caminar con Dios, encarne realmente la llama, la luz y la conciencia de su Yo real mucho antes de que sea llamada al Hogar en el ritual de la ascensión; pero hasta la hora de su ascensión, no se produce la fusión con la Presencia YO SOY, para ser una para siempre.

Cuando se alcance plenamente el matrimonio alquímico del alma con el Santo Ser Crístico, el Espíritu Santo vendrá hacia el alma, que puede escuchar la aprobación del Padre: «Este es mi hijo amado, en quien tengo complacencia»,[14] con lo cual da testimonio de que el hijo del hombre se ha convertido en la vasija sagrada del hijo de Dios.

A través de la ascensión, el alma se hace incorruptible. A partir de entonces, es conocida como un Maestro Ascendido y recibe la corona de la vida eterna. Esta es la meta consumada de la vida, que se desea en gran manera.

CAPÍTULO 3
Eres un ser espiritual

Todos llegamos a la vida con cosas por resolver. Para muchos de nosotros, son asuntos pendientes de vidas pasadas. Todas las personas tienen un plan divino. Toda familia, toda comunidad, incluso nuestra nación y la Tierra misma tienen un plan divino, una manera en que se supone que las cosas deben ser. Y ese plan divino a menudo es muy diferente del modo en que las cosas son ahora.

Un poco de exceso de equipaje

Si queremos salir del aula de la Tierra como una personalidad integrada en Dios, tenemos que lidiar con el siguiente problema: durante nuestra estadía en este planeta, nuestros poros espirituales se han obstruido con mucho karma humano y efluvio astral (es decir, el polvo y la escoria de la energía mal calificada de los siglos). Además, cada uno de nosotros está llevando un porcentaje del karma planetario total en nuestros cuatro cuerpos inferiores.

Como hemos calificado de manera errónea la corriente vital pura de Dios que fluye perpetuamente de nuestra Presencia YO SOY para nuestro uso aquí abajo, se ha acumulado en el subconsciente como anillos en nuestro árbol de la vida y en el inconsciente colectivo de la raza. Nos guste o no, estamos cargando mutuamente el peso kármico, solo porque somos parte de esta evolución; ¡y ese es también nuestro karma!

En la comedia *Los cazafantasmas II* de 1989, se mostró una representación gráfica acerca de cuánta energía negativa se puede acumular. Al comienzo de la película «Los cazafantasmas» descubren un río pegajoso rosa anaranjado, que fluye en un túnel abandonado en Manhattan. Determinan que es la materialización de emociones humanas negativas: odio, violencia e ira. El fantasma pegajoso comienza a crecer y a multiplicarse, al cobrar impulso en respuesta a la emisión continua de energía negativa de la población. Comienza a presionar a través de las aceras y amenaza con envolver la ciudad e inaugurar una «temporada del mal». Se puede contrarrestar solo mediante energía positiva: paz, amor y buenos sentimientos.

Con el fin de estimular la energía positiva de los neoyorquinos, los cazafantasmas cargan de manera positiva a la estatua de la Libertad, que cobra vida y entra en Manhattan. La gente sale a las calles y vitorea. Finalmente, vencen al fantasma pegajoso, cuando la multitud canta *Auld Lang Syne*.

(Es interesante saber que la Diosa de la Libertad es un gran ser espiritual, cuyo retiro, el Templo del Sol, está ubicado en la octava etérica sobre Manhattan Su retiro que una vez fue físico se replegó a la octava etérica en la época del hundimiento del antiguo continente de la Atlántida). Aunque no tomemos la película muy en serio, *Los cazafantasmas II* ilustra lo que todas las personas sensibles han sabido: la energía negativa que emitimos atrae más de su clase y poco a poco regresa para superarnos, a menos que busquemos y hallemos una solución. Tarde o temprano, la sustancia pegajosa astral se derrama sobre el plano físico; y la niebla se convierte en cristal.

Tus siete centros de energía

Existen siete centros principales de energía en nuestro cuerpo, a los que llamamos chakras (un término sánscrito que significa «rueda» o «disco»). Los chakras son transformadores reductores, que regulan el flujo de la energía de Dios, de acuerdo con las necesidades de los cuatro cuerpos inferiores. Los siete chakras principales están ubicados a lo largo de la columna vertebral, desde la base hasta la coronilla. Se corresponden con los órganos del cuerpo físico y los diferentes grupos de centros nerviosos.

Puedes pensar en un chakra como una estación emisora y receptora de energía. Los chakras no son puntos estáticos de luz. Son centros de energía dinámicos que incorporan, almacenan y envían energía y luz espiritual de manera constante. La energía vital o *prana* fluye a través del cuerpo, a lo largo de una red de canales nerviosos filiformes, que se corresponden con los meridianos usados en acupuntura u otras técnicas de curación.

Los chakras atraviesan un proceso de evolución, a medida que nos desarrollamos espiritualmente. Varían desde pequeños y dormidos a totalmente despiertos; es cuando emiten mucha luz. Estos centros pueden parecer diferentes en las distintas personas; depende de su uso de energía pasada y presente y de las diversas etapas de desarrollo espiritual. El cuidado y el uso correcto de estos centros de energía conduce a una mayor vitalidad en nuestro cuerpo físico, así como en los tres cuerpos más sutiles.

Así como inhalamos y exhalamos a través de nuestra garganta, de igual manera todos los chakras están incorporando y emitiendo las energías de Dios, de acuerdo con la frecuencia asignada a cada chakra específico.

A medida que la luz fluye desde los chakras, forma un campo energético resplandeciente (aura), que penetra y se extiende más allá de los límites de tu forma física. Puedes enviar luz al planeta a través de estos siete centros del ser.

El tamaño de tu campo energético áurico se relaciona de manera directa con tu maestría de los siete centros de energía, en especial con el centro del corazón. Cuanto mayor automaestría tengas, mayor es tu aura y, por consiguiente, mayor efecto tienes en el mundo. Un gran adepto, ser espiritual o santo podría tener un aura que abarque toda una ciudad.

¿Recuerdan la parábola de Jesús acerca de las cinco vírgenes insensatas y las cinco prudentes? Realmente es una lección acerca de guardar la luz en nuestros chakras. Las vírgenes prudentes son las que guardaron el aceite en sus lámparas. En un sentido espiritual, sus lámparas eras sus chakras, sus centros de energía espiritual. Nuestros chakras están destinados a llenarse de luz y ellas mantuvieron sus lámparas colmadas de aceite: sus centros espirituales estaban llenos de luz.

Las vírgenes insensatas malgastaron y derrocharon la luz de sus chakras y no les quedaba aceite en sus lámparas. El novio es el Cristo, el Yo Superior, el maestro o el instructor. Cuando el novio llegó, las vírgenes insensatas no pudieron entrar, porque no tenían la luz en su aura. La lección de la parábola es esta: si tenemos luz en nuestros chakras, tenemos más capacidad para recibir al Yo Superior, a los ángeles y a los Maestros.

Los chakras se denominan lotos, porque cuando se observan desde el reino espiritual, se parecen a una flor que se abre. Cada uno de ellos tienen cierta cantidad de pétalos, que establece su frecuencia o vibración. El profeta Ezequiel los describió como ruedas dentro de ruedas.

La gráfica de la página 68 muestra los siete chakras, el color, el número de pétalos de cada uno y la cualidad de la energía que se puede experimentar en cada chakra.

Puedes haber observado que algunas escuelas de pensamiento han descrito diferentes colores para los chakras. Los Maestros Ascendidos entregaron a sus Mensajeros los colores puros, como deberían aparecer en los chakras en los niveles superiores del cuerpo etérico purificado. Sin embargo, en niveles inferiores del ser, bien pueden verse diferentes, en especial cuando el aura no está purificada. Algunos clarividentes, quienes expusieron su versión de los colores, vieron su condición en un estado imperfecto de la conciencia humana.

Cuando los chakras están purificados y equilibrados en los factores más y menos, el yang y el yin del taichí giratorio, emiten los colores puros de los siete rayos del cuerpo causal, las esferas dentro de esferas, que rodean a la Presencia YO SOY. (véase la Gráfica de tu Yo Divino, página 38).

Lo ideal sería que el chakra vibrara con la misma longitud de onda que la esfera correspondiente del cuerpo causal: «Como arriba, así abajo». Por lo tanto, hay siete rayos, siete esferas y siete chakras. Tomemos cada chakra, uno por uno, desde arriba hacia abajo:

El chakra de la coronilla es el punto del pensamiento y la contemplación. Es la luz, el halo que se ve alrededor de la cabeza en el aura de los santos. En Oriente, el chakra de la coronilla se llama el loto de mil pétalos. Cuando estudias, estás centrado en tu mente y tu energía se concentra en este chakra. Tu cerebro está destinado a ser un recipiente de la misma mente que estaba en Cristo Jesús; y estás destinado a experimentar la mente de Dios.

El tercer ojo está ubicado en el centro de la frente. Aquí experimentamos a Dios, como como concentración, mientras nos focalizamos y visualizamos a través del ojo de la mente. Este es el chakra conectado con la visión, tanto espiritual como física. A través de él, estamos destinados a ver la creación de Dios, como Él la ve, pura y perfecta. Podemos usar así la ciencia del concepto inmaculado para producir lo mejor en nosotros mismos y en los demás.

El chakra de la garganta es nuestro centro de poder. El poder de la expresión y de la Palabra hablada nos otorga la potestad de crear, preservar y destruir. Nuestra voz y nuestras palabras dicen mucho y pueden influir en las personas para bien o para mal. Cuando hablamos a los demás, podemos bendecirlos o maldecirlos, elevarlos o rebajarlos. Podemos hacer todo con la Palabra hablada, porque es el regalo de Dios y el lugar donde experimentamos a Dios como poder.

En el chakra del corazón, en el centro del pecho,

experimentamos a Dios como amor. El amor del corazón se vivencia en todo y en cada momento en que amamos a los demás como Dios nos ha amado. El amor divino es un sendero disciplinado que no es fácil, pero bien vale el esfuerzo.

El chakra del plexo solar es el lugar destinado para la paz. Jesús fue el Príncipe de la Paz y tuvo una maestría total en este chakra. Podemos llegar a tener la misma maestría. Está ubicado justo arriba del ombligo y se dice que es el lugar del sol, desde el cual ríos de agua viva deben fluir, como Jesús dijo.[15]

En cada chakra podemos experimentar la antítesis de Dios, así como la plenitud de Dios. El plexo solar es el punto en el que manifestamos nuestras emociones, tanto buenas como malas. Cuando estamos molestos, enojados o nerviosos, lo sentimos en la boca del estómago.

El chakra de la sede del alma es el lugar en el cual se ancla el alma en nuestro cuerpo. Este chakra contiene el patrón de nuestra identidad. Gobierna la creación de los genes, lo que transmitimos en la procreación, así como en todas nuestras creaciones en la vida. Este es el lugar donde obtenemos nuestros sentimientos «viscerales» o intuición. Cuando sentimos que hay peligro, que necesitamos irnos o

LOS SIETE CHAKRAS Y LOS SIETE RAYOS			
Chakra	Rayo	Color	Pétalos
Coronilla	2	Amarillo dorado	972
Tercer ojo	5	Verde esmeralda	96
Garganta	1	Azul	16
Corazón	3	Rosa	12
Plexo solar	6	Púrpura y dorado, salpicado con rubí	10
Sede del alma	7	Violeta	6
Base de la columna	4	Blanco	4

USO Y MAL USO DE LOS CHAKRAS		
Chakra	Expresión positiva	Expresión desequilibrada
Coronilla	Iluminación, sabiduría, autoconocimiento, entendimiento	Orgullo intelectual y espiritual, intelectualismo, vanidad, limitación, ignorancia.
Tercer ojo	Curación, verdad, visión, abundancia, constancia.	Falsedad, falta de visión, crítica mental, falta de claridad.
garganta	Poder, voluntad, fe, protección, valentía.	control, condenación, charla banal, chismorreo, cobardía, duda
corazón	Amor, compasión, belleza, abnegación.	Odio, antipatía, egoísmo, autolástima, conmiseración humana, negligencia.
Plexo solar	Paz, hermandad, servicio, equilibrio	Ira, agitación, fanatismo, temor, ansiedad, pasividad, codicia
Sede del alma	Libertad, misericordia, perdón, justicia, alquimia.	Falta de perdón, justicia o misericordia; intolerancia e indiferencia hacia los demás.
Base de la columna	Pureza, esperanza, alegría, auto disciplina	Desaliento, desesperanza, impureza, caos.

tomar una acción determinada, a menudo experimentamos esta «dirección del alma» en el chakra de la sede del alma.

La psique es otro nombre para el alma. De ahí, aquellas personas que son psíquicas son sensibles a las comunicaciones del alma.

Desafortunadamente, muchos psíquicos están sintonizados con las vibraciones inferiores, en vez de hacerlo con el destino superior del alma y su origen en el espíritu.

El chakra de la base de la columna es el punto inferior, hacia donde la luz desciende en el cuerpo, la ubicación del fuego blanco, la fuerza vital. Es la luz de la Madre Divina. Aquí experimentamos el poder de la creación y su capacidad para procrear.

Nuestro designio es el de elevar la luz de esta chakras a través de todos los demás, con el fin de nutrirlos.

Se puede concebir a los siete chakras como siete maneras de experimentar a Dios en tu vida. Cada una de esas siete experiencias otorga un indicio acerca de las siete esferas del cuerpo causal: las muchas mansiones de la casa de nuestro Padre.[16]

Existen instrumentos musicales específicos y piedras preciosas que aumentan la acción de cada chakra. Las siete religiones principales del mundo también se corresponden con los siete chakras. Estas correspondencias se enuncian en la gráfica de la página 102 junto con el punto de anclaje de cada chakra en el cuerpo físico.

Centros de Luz en el cuerpo del hombre

El chakra del corazón

El chakra del cora-
zón es el más impor-
tante de nuestros siete
centros espirituales. Los
demás chakras se defi-
nen por su ubicación
por encima y por de-
bajo del corazón. Hay
tres chakras arriba del
corazón y tres abajo.

El chakra del corazón

El corazón es el núcleo de la vida física y espiritualmente. El chakra del corazón es el centro,
a través del cual damos y recibimos amor. Está
ubicado en la cavidad torácica y a menudo se lo
describe como la rosa del corazón. El color del
amor es el hermoso rosado de la rosa; los matices
oscilan desde el intenso rosa rubí hasta el delicado
color rosado.

La cámara secreta del corazón

Existe en el interior del chakra del corazón otro
centro espiritual más pequeño, al que se lo llama
la cámara secreta del corazón.

Jesús habló de entrar a la cámara secreta del

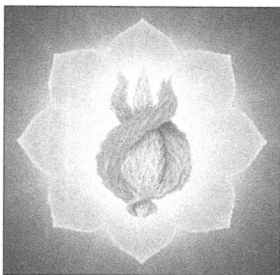

La cámara secreta del corazón.

corazón, cuando dijo: «Mas tú, cuando ores, entra en tu aposento y, cerrada la puerta, ora a tu Padre que está en secreto; y tu Padre que ve en lo secreto te recompensará en público».[17]

Cuando entramos a nuestro aposento a orar, en realidad estamos entrando en otra dimensión de la conciencia. Podemos entrar en el aposento del corazón y cerrar la puerta al mundo exterior. Los místicos comprendieron esta cámara en el corazón. Teresa de Ávila la llamaba el castillo interior; era el lugar en el que ella podía comulgar con su amado Jesús.

Es aquí donde el alma recibe los misterios de la vida.

La única manera de llegar allí es a través del amor. Debemos haber pasado las pruebas y las iniciaciones del amor del corazón. A medida que atravesamos el chakra del amor, llegamos, por decirlo así, a la puerta del templo en la parte posterior. Pasamos por la puerta, entramos en la cámara secreta y allí sentado en el trono está el Cristo interno.

En la tradición hindú, el devoto visualiza una isla adornada con joyas en el corazón. En esta isla, ve ante él un hermoso altar, donde adora a su instructor en profunda meditación.

Puedes pensar en la cámara secreta de tu corazón como tu lugar privado de meditación. Es el lugar en el que puedes comulgar con el Cristo interno, tu Santo Ser Crístico, la vocecita queda que te habla en tu corazón.

LOS SIETE CHAKRAS Y SUS CORRESPONDENCIAS				
Chakra	Piedra preciosa	Instrumento musical	Punto de anclaje en el cuerpo físico	Tradición espiritual
Coronilla	diamante amarillo, zafiro amarillo, topacio	cuerdas	pineal	budismo
Tercer ojo	esmeralda, diamante, jade, cristal de cuarzo	piano	pituitaria	confucianismo
garganta	diamante, zafiro, zafiro estrella, lapislázuli	Vientos de metal	tiroides	judaísmo
corazón	rubí, diamante, granate, cuarzo rosa, berilo rosa	arpa	corazón	cristianismo
Plexo solar	topacio, rubí, alejandrita, diamante con perla	órgano	páncreas	islamismo
Sede del alma	amatista, diamante, aguamarina	Vientos de madera	ovarios o próstata	taoísmo
Base de la columna	diamante, circón perla, cuarzo de cristal	tambor, tabla	genitales	hinduismo

La llama trina del corazón

Hay una llama que resplandece en el altar de la cámara secreta del corazón. Se la denomina llama trina. Esta llama es la chispa de vida proyectada desde el Yo Superior y anclada en el chakra del corazón. Es el regalo de vida que nos entrega nuestro Dios Padre-Madre.

La llama trina posee tres pétalos: azul, amarillo y rosa. El azul (a tu izquierda), el amarillo (en el centro) y el rosa (a tu derecha) se corresponden con los atributos principales de poder, sabiduría y amor, respectivamente. Estas llamas surgen desde una esfera de luz blanca que es la llama de la Madre.

Las llamas de poder, sabiduría y amor; y fe, esperanza y caridad conforman la trinidad en ti. El poder (del Padre), la sabiduría (del Hijo) y el amor (del Espíritu Santo) se anclan en la llama trina. Esta late en el corazón humano para liberar el arquetipo divino de la vida en la forma corporal. Esta llama (un dieciseisavo de una pulgada, o sea 0,16 cm de altura) es la chispa divina, el potencial de tu divinidad. Es el regalo de vida del Creador a la creación. Esta llama es la luz verdadera que alumbra a todo hombre y mujer, que vienen al mundo.[18]

La conciencia del Hijo de Dios se centra en esta llama, a la que también se nombra como Santa llama Crística. «Porque de tal manera amó Dios al mundo, que ha dado a su Hijo unigénito», para que viva en nosotros como la llama en el corazón.[19]

Esta llama es la individualización de la llama Divina, por medio de la cual, el Verbo es «hecho carne»,[20] en ti y te permite contemplar la gloria del Señor de todo en tus miembros. La llama que arde en tu corazón es la sede de la conciencia cósmica. Es tu vínculo con la Realidad, el Ser y la vida eterna.

La llama trina

La llama del corazón necesita que se la cuide, así como es necesario desarrollar el chakra del corazón para dar y recibir más amor. Las tres plumas de esta llama están destinadas a expandirse, a acelerarse y a equilibrarse a la misma altura. Si no lo están, la falta de desarrollo de una llama puede realmente impedir la expansión de las otras dos. Por ejemplo, si tienes una gran llama azul de poder, pero poco desarrollo de la rosa (amor) y de la amarilla (sabiduría), podrías tener tendencia a ser dictatorial o tiránico, sin el equilibrio del amor y de la sabiduría para moderar el poder. Antes de que puedas tener una llama azul con más altura, se requiere el desarrollo de más amor y más sabiduría, para que puedas usar el poder más sabia y amorosamente. Las pruebas que aparezcan en tu camino se proyectarán para ayudarte a manifestar estas plumas, de manera que estén equilibradas. De hecho, si no intentas desarrollar tus plumas rosa y amarillo, tu pluma azul más grande puede reducirse en tamaño, como un medio de traer el equilibrio.

A medida que sirvas con armonía, como el recipiente de tu conciencia superior, a través del trabajo de tu corazón, cabeza y mano equilibrados en el flujo de amor, sabiduría y poder, puede producirse el equilibrio correspondiente en la llama trina.

Proteger el corazón

El corazón es un cáliz muy delicado para la llama sagrada de Dios que arde en él. Y los adeptos nos aconsejan que lo cuidemos. Queremos prote-

ger el cáliz del corazón de las ondas de choque que
provienen de la discordia, la tensión o de nuestros
propios estados de ánimo y emociones. Es importante que oremos por la protección del corazón.
Y cuando ores y medites, es sensato que llames a
tu Yo Superior y a los ángeles para la protección.

El Espíritu Santo

La humanidad ha recibido las enseñanzas de
Dios en etapas, en ciclos. Durante dos mil años,
hemos recibido un entendimiento de Dios como
Hijo y hemos llegado a comprender a Dios a través
de la persona de Jesús. Antes de eso, Moisés, como
el mismo representante personal de la Ley, reveló
a Dios como Padre, como el Legislador.

En este período de dos mil años que está
comenzando, estamos descubriendo un enorme
despertar de las energías del Espíritu Santo. Las
personas están invocando el nombre del Señor y
están pidiendo a Dios que les infunda ese Espíritu
Santo. Esto completa la Trinidad que la humanidad alcanzó en la conciencia durante varios miles
de años.

El Espíritu Santo es el tercer aspecto de la
Trinidad. Es el atributo de los sentimientos, que
energiza y estimula el pensamiento hacia la acción.

Nos permite aplicar nuestro conocimiento, precipitarlo hacia la acción y hacer realidad nuestros proyectos. El Espíritu Santo se representa a menudo de color rosa, como la encarnación del amor, la compasión y el consuelo. A veces, se simboliza con una paloma, como se ve en la Gráfica de tu Yo Divino (véase la página 38). Las suaves ministraciones de la paloma del Espíritu Santo descienden desde lo alto y emiten las cualidades Divinas de todos los rayos. El prana es la esencia del Espíritu Santo que introducimos, mediante el aliento del fuego sagrado a través de los chakras que nutren los cuatro cuerpos inferiores.

El Espíritu Santo es el Consolador, que Jesús prometió que enviaría para recordarnos todas las cosas.[21] De este modo, las enseñanzas de Jesús que no se preservaron en las escrituras, sino que se perdieron durante estos dos mil años, están apareciendo otra vez en la era de Acuario, la era del Espíritu Santo. Estos son los misterios internos que Jesús entregó a sus discípulos en el Aposento Superior.

Jesús prometió el descenso del Espíritu Santo a sus discípulos, cuando dijo: «Quedaos vosotros en la ciudad de Jerusalén, hasta que seáis investidos de poder desde lo alto».[22] Esto se llevó a cabo en Pentecostés, cuando el Espíritu Santo, como un poderoso viento arrollador, llenó toda la casa donde estaban.

El Espíritu Santo trae una gran iluminación y nos enseña lo que necesitamos saber; todos estamos destinados a convertirnos en sus representantes. Los Mensajeros de Dios son ungidos por el Espíritu Santo y a través de su poder entregan sus enseñanzas.

El Maha Chohán es el representante del Espíritu Santo para el planeta Tierra y transmite sus energías a la octava humana. Maha Chohán significa «Gran Señor». Él sirve en el octavo rayo de integración y es el instructor y Gurú de los siete chohanes. Es el maestro de todos los rayos, porque el Espíritu Santo contiene a todos los rayos.

Los hindúes lo llaman el destructor, Shiva, el que destroza las energías mal calificadas o los abusos de la vida, que hemos producido a través del mal uso del libre albedrío. Por ejemplo, tenemos libre albedrío para calificar la energía de Dios como amor o como odio. Si la hemos calificado como odio, esa energía queda con nosotros y permanece como parte de nuestra conciencia hasta que la transmutamos mediante el amor. El poder que tiene el Espíritu Santo de transmutar el

El Maha Chohán

odio en amor se manifiesta mediante la dispensación de la llama violeta.

El Espíritu Santo es la omnipresencia de Dios, las lenguas hendidas de fuego que concentran las energías del Dios Padre-Madre. Este espíritu también se denomina fuego sagrado; es la energía vital que infunde un cosmos. Este es el amor omniconsumidor, que, al invocarlo en los planos de la Materia, ata las fuerzas del mal y transmuta la causa y el efecto de las creaciones erróneas del hombre; de esta manera, lo libera de la prisión de su karma y sus habitantes oscuros. El exorcismo de los espíritus inmundos y las entidades impuras se logra, mediante el fuego sagrado del Espíritu Santo en el nombre del Cristo y del YO SOY EL QUE YO SOY.

Existen nueve dones del Espíritu Santo, poderes que se conceden a los siervos del Señor para atar la Muerte y el Infierno y realizar sus obras en la Tierra. Mientras nos instruimos bajo la guía de los siete chohanes, también podemos calificar para recibir estos dones.

San Pablo los describe en su epístola a los Corintios:

> Porque a este es dada por el Espíritu palabra de sabiduría; a otro, palabra de ciencia según el mismo Espíritu; a otro, fe por el mismo Espíritu; y a otro, dones de sanidades por el mismo Espíritu. A otros, el hacer milagros; a otro, profecía; a otro, discernimiento de espíritus; a otro, diversos géneros de lenguas; y a otro, interpretación de lenguas. Pero todas estas cosas las hace uno y el mismo Espíritu, repartiendo a cada uno en particular como Él quiere.[23]

La llama de la Madre

Dios es el todo andrógino y podemos hablar a Dios como Padre y como Madre. Los chinos tienen el magnífico símbolo del taichí, que representa los aspectos masculino y femenino de la totalidad.

Todas las cosas provienen del círculo de energía del más y del menos, el Alfa, la Omega. Esta energía como Dios está presente en todos nosotros y mientras meditamos en ella, podemos sentir la integridad de la presencia de Dios Padre-Madre.

La era de Acuario es la era del Espíritu Santo y también está destinada a ser la era de la elevación del principio femenino, de Dios como Madre. Vemos esto reflejado en las mujeres de todo el mundo que han madurado, después de miles de años de no poder descubrir su verdadera identidad, en un mundo dominado por el rayo masculino. Nuestra devoción a Dios como Madre creará el equilibrio necesario en el individuo y en nuestra civilización para la alquimia de la autotransformación.

Antiguas civilizaciones han surgido y han caído debido al uso o el abuso de la luz de la llama de la Madre. La cultura de la Madre es la cultura que existía en las civilizaciones de la era dorada de Lemuria y Atlántida. Ahora es el momento en el que debemos trabajar para restablecer la cultura verdadera de Estados Unidos y de todas las naciones, que es la cultura de la Madre del mundo.

La Madre del Mundo es objeto de la adoración y meditación de los Budas y los Cristos. Ella está buscando a sus hijos y desea rescatarlos de las cargas que los agobian. El principio de la Madre de la Llama se ejemplifica y personifica a través de las Maestras Ascendidas celestiales, grandes seres tales como Madre María, la divina Madre de Occidente; y Kuan Yin, la salvadora compasiva de Oriente.

La luz de la Madre se ancla en cada uno de nosotros de manera individual en el chakra de la base de la columna, la fuente de la Madre; y la energía del Padre se concentra en el chakra de la coronilla. Cuando ambas se unen en el chakra del corazón, los principios paternos y maternos en nosotros dan nacimiento a la conciencia Crística.

Una manera de elevar suavemente la luz de la Madre desde la base a la coronilla es a través del rosario. Este es uno de los medios en que nuestra alma medita en Dios, mientras se eleva al nivel del Cristo en el corazón.

El taichí

En el rosario de la Nueva Era que Madre María nos ha dado, alternamos la oración del Ave María con la reflexión acerca de la vida y las experiencias de Jesús, mientras escuchamos la lectura de la Biblia. Meditamos en María la Madre, el punto focal de nuestra propia encarnación de la Maternidad de Dios y luego en Jesús, para la realización de la plenitud de esa divina filiación en nosotros. A través de la Madre y el Hijo, llegamos al Padre; y en el Padre renacemos, de acuerdo con su designio inmaculado. El rosario, entonces, es para el equilibrio de la polaridad masculina y femenina del ser. En sus apariciones en Fátima, Madre María ha

esbozado su plan para traer paz al mundo y el fin
de la guerra a través del recitado diario del rosario.

Hay muchas historias de milagros que las
personas han experimentado a través del rosario.
Un ejemplo significativo es el de los ocho hombres que sobrevivieron a Hiroshima. Cuando
una bomba atómica destruyó la ciudad en 1945,
ocho hombres, que vivían cerca del centro de la
explosión nuclear sobrevivieron milagrosamente
al abrasador huracán de explosión y radiación,
mientras que todos en el radio de una milla pe-
recieron de inmediato y otros, que residían más
lejos murieron más tarde a causa de los efectos
letales de la radiación. Durante más de treinta

Kuan Yin y Madre María

años, cerca de descientos científicos examinaron a estos ocho hombres e intentaron en vano determinar qué es lo que podría haberlos preservado de la incineración.

Uno de los sobrevivientes, el Padre H. Shiffner, S.J., dio la dramática respuesta en televisión en Estados Unidos, cuando dijo: «En esa casa, se rezaba el rosario todos los días. En esa casa vivíamos el mensaje de Fátima».[24]

María ha explicado que el Ave María es en realidad: «Salve Ma-Ray» o «rayo de la Madre». Es la adoración universal a Dios como Madre, en los muchos seres de luz, quienes encarnan esa llama de la Madre. Es también la oración para la expansión y elevación de la luz de la Madre en nosotros. María nos ha pedido que mientras recemos el Ave María en esta era, no consideremos más a la muerte como nuestro destino, sino que afirmemos nuestra victoria en la resurrección y la ascensión. Por lo tanto, nos ha pedido que oremos:

> *Ave María, llena eres de gracia,*
> *el Señor es contigo.*
> *Bendita tú eres entre todas las mujeres*
> *y bendito es el fruto*
> *de tu vientre, Jesús.*

Santa María, Madre de Dios,
ruega por nosotros, hijos e hijas de Dios,
ahora y en la hora de nuestra victoria,
sobre el pecado, la enfermedad y la muerte.

Guardar la llama de la vida

A través de las eras, los miembros de la Gran Hermandad Blanca han aparecido para patrocinar movimientos de elevación espiritual y para ayudar a las oleadas de vida de la Tierra en todos los aspectos de su evolución. Diversos miembros de esta jerarquía espiritual han amparado a grandes artistas, inventores, científicos, jefes de Estado y líderes religiosos, así como a los puros de corazón de todas las condiciones sociales.

Saint Germain, patrono de los Estados Unidos de América y jerarca de la era de Acuario, ha avanzado una vez más para patrocinar la actividad externa de la Gran Hermandad Blanca. Fundó la Fraternidad de los Guardianes de la Llama para los que desean servir con los miembros de la jerarquía espiritual. El propósito es el de unir a los Maestros Ascendidos con las almas esforzadas de la Tierra, para crear una acción unificada en pos de la salvación de los seres de Luz en esta era. La Fraternidad de los Guardianes de la Llama proporciona aquí abajo el equivalente a la Gran Hermandad Blanca arriba.

Los Guardianes de la Llama prometen su apoyo al Maestro Ascendido Saint Germain para ayudarlo en la publicación y distribución de las verdaderas enseñanzas de Jesucristo. Así como los Guardianes de la Llama

Saint Germain

entregan su respaldo a Saint Germain y él a su vez, patrocina su sendero personal de iniciación, ya que les entrega una instrucción sobre ley cósmica, que, cuando se aplica, conduce a la automaestría.

Las lecciones de los Guardianes de la Llama, suplementadas mediante las *Perlas de Sabiduría* y otras publicaciones, exponen las Enseñanzas de los Maestros Ascendidos, que permiten la conversión en conciencia del devoto desde cualquier o ninguna religión hacia la percepción autoconsciente en Dios. Abren el camino hacia el verdadero entendimiento de las leyes de Dios, que afectan su vida y el mundo.

Los Guardianes de la Llama aceptan llevar a cabo determinado trabajo espiritual todos los días para guardar la llama de la vida a favor de toda la humanidad. De muchas maneras, es una señal externa del compromiso interno de guardar la llama de la vida hasta que los demás sean capaces de hacerlo por sí mismos.

Unirse a la Fraternidad de los Guardianes de la Llama es un compromiso interno con Saint Germain. Es la promesa de guardar la llama de la vida por sí mismo y por el mundo.

CAPÍTULO 4

Herramientas para la transformación

Los Maestros nos han dado poderosas herramientas para la transformación y el cambio de nuestra vida y de la vida del mundo que nos rodea. Una de las más importante es la oración.

El poder de la oración

La oración es el lenguaje del alma. En su esencia, es simplemente una conversación con Dios; es comulgar con Él y escuchar sus respuestas. Y necesitamos orar como nunca, más allá de cualquier credo; las oraciones de todos cuentan en el cielo, en especial las que realizan los niños y las madres.

Una encuesta reciente informó que el 82 por ciento de los estadounidenses creen en el poder curativo de la oración personal.[25] Nadie sabe en realidad de manera científica, cómo o por qué la oración es tan efectiva en la curación. Pero una creciente cantidad de estudios sugiere lo que la gente ha conocido de manera intuitiva durante miles de años: que la oración realmente funciona. Casi no importa cuál es la forma que adopta la oración; el simple acto de expresar un deseo al Poder superior trae resultados.

Incluso la ciencia y la medicina están arribando a esta idea. Un estudio famoso descubrió que los pacientes con enfermedades coronarias en el hospital general de San Francisco, por los cuales se oraba, mejoraron más que aquellos que no recibían plegarias. Los primeros requerían menos antibióticos y tenían menos probabilidad de desarrollar ciertas complicaciones que los que no estaban en un grupo de oración. Un médico dijo acerca de este estudio: «Tal vez nosotros los doctores deberíamos escribir en nuestros recetarios: "Oren tres veces por día". Si funciona, funciona».[26]

Otro estudio, realizado en el Centro médico Hitchcock de Dartmouth, analizó cómo las propias oraciones de los pacientes influyeron en su recuperación de cirugías a corazón abierto. Este estudio de 1995 encontró que los pacientes que dijeron que traían consuelo y fortaleza de su fe religiosa, la cual incluía posiblemente la oración, tenían tres veces más probabilidades de sobrevivir en los seis meses posteriores a la cirugía que los pacientes «no religiosos».

La Biblia nos dice: «La oración eficaz y ferviente del justo puede mucho».[27] Observa esos tres calificativos: ferviente, eficaz y justo. Ferviente significa: con tu corazón y con tu devoción, no es débil o pasiva. Eficaz significa efectiva y en verdad, existe una ciencia y un arte para la práctica de la oración. Y la oración de un hombre justo, un hombre o una mujer que está bien con Dios, trae buenos frutos.

Si no estás seguro de cómo orar, solo piensa en la oración como una conversación con Dios. Ora y habla con Dios como con tu amigo más querido. Dile lo que quieres que Él sepa y lo que deseas que Él haga por ti, por tu familia, comunidad y nación. Pídele dones y gracias. Y no te apegues a los resultados. Solo di: «No mi voluntad, sino que se haga la Tuya».

Todos los santos han comprendido el poder sagrado y la simplicidad de la oración. Santa Teresa de Lisieux lo decía de manera hermosa:

> No tengo la valentía de buscar hermosas oraciones entre los libros. Solo consigo un dolor de

cabeza, debido a su cantidad. Y, además, una es
más bonita que la otra. Como no puedo, por lo
tanto, decirlas todas y me pierdo en la elección,
hago como los niños que no han aprendido a
leer: simplemente le digo a nuestro Señor todo
lo que deseo y Él siempre comprende.[28]

Todos nosotros podríamos bien orar de manera muy específica y decirle a Dios lo que deseamos
que suceda en nuestra vida y también en el mundo. Podemos pedirle que frustre eventos como el
terrorismo, la guerra o la inestabilidad económica.
Antes de que la niebla de la profecía se convierta
en el cristal, puede hacerse retroceder, si está de
acuerdo con la voluntad de Dios.

El poder creativo del sonido

Los místicos han sabido durante miles de
años que el sonido tiene la clave para la creación
del universo. La oración y el mantra pueden crear
el cambio espiritual y material en nuestra vida.
Cuando se pronuncia en voz alta, la oración puede
desplegar la energía dinámica del espíritu.

El poder creativo del sonido se ilustra de manera hermosa en este ejemplo de la vida de un grupo
de monjes benedictinos. En 1967, Alfred Tomatis,
un médico, psicólogo y otorrinolaringólogo fran-

cés, estudió el modo en que el canto afectaba a los monjes benedictinos. Durante cientos de años, ellos habían mantenido un riguroso programa, por el cual dormían solo unas pocas horas durante la noche y cantaban de seis a ocho horas por día. Cuando un nuevo abad cambió el horario y retiró los cánticos, los monjes comenzarse a cansarse y a mostrarse apáticos. Cuanto más tiempo dormían, parecían cansarse más.

Llamaron a Tomatis para que descubriera qué les sucedía. Él creía que cantar (y escuchar cierta clase de música) servía a un propósito especial: energizar el cerebro y el cuerpo. Dijo que «los monjes habían estado cantando con el fin de "cargarse"».[29] Volvió a introducir el canto, junto con un programa para escuchar sonidos estimulantes y los monjes pronto descubrieron que la energía regresó a su normalidad anterior. Ya sea que los monjes lo supieran o no, habían descubierto el poder del sonido, en especial de la oración hablada o cantada.

En Oriente, la gente repite mantras una y otra vez muchas veces por día. Pero en Occidente, no estamos acostumbrados a esta práctica de repetir oraciones. Cada vez que estas se repiten, fortaleces el poder de la petición, al calificarla cada vez más con la luz y la energía Divina. También comienzas a entrar en un estado de unidad con Dios.

Tanto místicos como científicos han demostrado los beneficios de la oración repetitiva. Desde la iglesia ortodoxa oriental hasta los monjes medievales, los místicos orientales y occidentales han informado acerca de las extraordinarias experiencias místicas y el sentimiento de unidad con Dios, incluso la introducción en estados alterados, en los cuales la carne «se enciende mediante el espíritu, de manera que todo el hombre se vuelve espiritual».[30]

A principios de la década de 1970, el doctor Herbert Benson, presidente y fundador del Instituto Médico mente y cuerpo de la Escuela médica de Harvard, experimentó de manera científica con el poder de la oración. Dijo a sus pacientes que se sentaran tranquilos y repitieran mantras sánscritos, ya sea mental o verbalmente, durante diez a veinte minutos, que respiraran normalmente y que hicieran a un lado los pensamientos que aparecieran, cuando entraran en su mente.

Halló que los que repetían estos mantras durante tan solo diez minutos por día, experimentaban cambios fisiológicos: frecuencia cardíaca reducida, menores niveles de estrés y metabolismo más lento. Los que tenían presión sanguínea alta descubrieron que la repetición de mantras disminuyó su presión sanguínea. Llamó a este fenómeno «respuesta de relajación», la cual, afirma, es la opuesta al mecanismo de lucha y huida del cuerpo. Los estudios posteriores documentados en el libro *Timeless Healing* (La sanación atemporal) hallaron que la repetición de mantras puede beneficiar el sistema inmune, aliviar el insomnio y reducir las consultas médicas.

Benson también descubrió que otras oraciones tenían el mismo efecto. Incluso palabras tales como *uno, océano, amor y paz* producían esa respuesta.

Parece que aquí funciona un principio universal: la repetición de oraciones permite que los seres humanos entren en un estado de relajación. Y los beneficios espirituales son tan importantes o tal vez, más. Muchos budistas e hindúes dirán que la repetición de mantras u oraciones permite que la mente se concentre en Dios, así como los monjes ortodoxos orientales encuentran alegría, felicidad y unidad con Dios, a través de la oración repetitiva.

El objetivo de entrar en un estado más elevado de conciencia, un mayor acceso a la mente superior y un estado de unidad con Dios es la razón por la cual muchas personas repiten mantras, cánticos y oraciones.

La ciencia de la Palabra hablada

Las oraciones y afirmaciones de este libro son sumamente efectivas, cuando se dan en voz alta, como una forma de oración dinámica, a la que conocemos como «decretos». Cuando decretamos, estamos ordenando el flujo de energía desde el espíritu a la materia para la transformación personal y mundial. No estamos solo pidiendo ayuda; estamos entrando en una asociación y una relación interactiva con Dios.

Esto es lo que Dios nos pidió que hiciéramos, cuando dijo a través del profeta Isaías: «Mandadme... acerca de las obras de mis manos».[31] Y leemos en el libro de Job: «Orarás a Él y Él te oirá; y tú pagarás tus votos. Determinarás asimismo una cosa y te será firme».[32]

Los decretos son una parte del sistema de oración, denominado la ciencia de la Palabra hablada, que incluye además canciones, mantras y cánticos, así como visualizaciones y técnicas de respiración. Los decretos son afirmaciones positivas que usan el nombre de Dios YO SOY EL QUE YO SOY. El propósito principal es ponerte en contacto con tu Yo Superior. Una vez que se establece ese contacto, puedes atraer el poder de Dios en ti para que te conceda las cosas que necesitas en la vida. Puedes usar esa energía espiritual para crear un cambio positivo para ti mismo y para el mundo que te rodea.

La devoción es la clave para el poder del mantra, la canción y el decreto. Encontrarás decretos y mantras al final de este libro, que te asistirán de muchas maneras y te ayudarán a encontrar la paz y un mayor contacto con tu Yo superior.

Hay un mantra y un decreto para cada uno y una gran cantidad de mantras y decretos para todos nosotros. Toma tu mantra y decreto y que sea algo profundamente significativo para ti, de modo que cada vez que digas las palabras, puedas sentir que suceden y más que eso, ya que en algún lugar dentro ti existe una resonancia con ese mantra o decreto particular. El mantra es como una rejilla de energía; la devoción de tu corazón se engrandece a través de él.

No se trata de las palabras que pronunciamos o la cantidad de tiempo que oremos, sino el amor que pongamos; eso es lo que cambiará nuestro mundo y el mundo a nuestro alrededor. La devoción es la manera en que mantenemos a los ángeles con nosotros, ya que abre los canales. Nuestra devoción va hacia Dios y a los ángeles. Hemos abierto una autopista hacia nuestro Dios y los ángeles viajan por ella de regreso a nuestro corazón.

Saint Germain y la llama violeta

En la Gráfica de tu Yo Divino, puedes ver la figura inferior envuelta en la llama violeta, la luz del séptimo rayo. Esta energía violeta puede tener efectos profundos en todos los aspectos de nuestro ser: mental, emocional e incluso físico.

La llama violeta es una energía espiritual utilizada en los retiros del mundo celestial. También se la conoce como la llama de la misericordia o del perdón, así como también la llama de la libertad. Este aspecto del séptimo rayo del Espíritu Santo puede invocarse a través de la oración y el mantra.

Podemos utilizar la analogía de una película en un proyector. A medida que usas la llama violeta transmutadora, estás lavando las imperfecciones y las manchas de la película de la vida y las lentes. Purificas las lentes y la película se limpia y se altera a través de los Maestros artesanos, por lo cual puede reflejar la pureza de los rayos de luz que la atraviesan.

A medida que cambies y transmutes la película que está en el proyector de tu conciencia, alterarás la imagen que se representa en la pantalla de la vida. Entonces, puedes convertirte en una manifestación de perfección, diseñada en la forma de un hijo o una hija de Dios. Ya no eres un individuo que expresa manifestaciones temporales de imperfección; en cambio, eres un hijo o hija del Dios Altísimo, a medida que bebes de la conciencia de la luz eterna que está dentro de ti.

La llama violeta puede usarse para transmutar o cambiar cualquier energía negativa de nuestra vida: las energías de odio, ira, discordia y dureza de corazón. Los devotos la usan para transmutar el karma negativo y para producir la transformación positiva en todas las áreas del esfuerzo humano, ya sea de alcance personal o planetario.

El siguiente es un mantra simple del maestro Saint Germain, el Maestro que introdujo la llama violeta para la humanidad:

> *YO SOY un ser de fuego violeta,*
> *YO SOY la pureza que Dios desea.*

Mientras das este mantra, puedes visualizar esta energía de la llama violeta de alta frecuencia espiritual, que borra tus problemas, resuelve las cargas y te libera de la tristeza o la aflicción, debido a elecciones poco satisfactorias del pasado.

Todos los días, los ángeles nos entregan un nuevo paquete de karma, nuestra tarea para ese día. Si lo bañamos con llama violeta al amanecer, podemos transmutar y suavizar el karma, luego equilibrar el resto con servicio, a través de nuestro trabajo, nuestra familia y comunidad y cualquier buena obra que hagamos durante ese día.

No dejes que tu karma se acumule, porque puede llegar a agobiarte. Limpia la ofrenda del día cuando llegue y si puedes hacer un poco más para limpiar el resto de esta vida y un poco más de vidas anteriores, estarás en el camino correcto para acelerar tu conciencia.

Decretos de corazón, cabeza y mano

El Maestro Ascendido El Morya ha entregado una serie de mantras que contienen las claves para los pasos y etapas del sendero espiritual. Estos decretos de «corazón, cabeza y mano» conmemoran la misión de Cristo y los pasos de iniciación que él demostró en su encarnación galilea.

Tu corazón, cabeza y manos son tus instrumentos para la Trinidad de la vida en expresión. El

trabajo del corazón, la cabeza y la mano en equilibrio
está destinado a expresar el
amor del hijo en el corazón,
la sabiduría del Padre en la
cabeza y el poder del Espíritu Santo en acción a través
de la obra de tus manos. El
corazón recibe, la cabeza
interpreta y la mano del

El Morya

Espíritu Santo ejecuta el designio del plan divino.
Varios de estos versos en los decretos de «corazón,
cabeza y mano» tienen la forma de las afirmaciones
«YO SOY». Dado que YO SOY es el nombre de Dios
(como él lo reveló a Moisés).[33] Cuando afirmamos
«YO SOY», en realidad estamos diciendo: «Dios
en mí es» o «Dios en mí es la acción de…» lo que
sea que continúa, ya sea la expresión, la oración,
el mantra o el decreto, se autorrealiza, ya que es
el poder del nombre de Dios y su estado del Ser
la que opera el cambio creativo en nuestra vida.

Cuando usas el nombre «YO SOY», no es solo
una afirmación positiva. Dios está cumpliendo
ese decreto en ti, porque estás usando su nombre, porque eres su hijo o hija y eres un heredero
conjunto de la conciencia Crística que Jesús tenía.

Chakra de la coronilla

Chakra del tercer ojo

Chakra de la garganta

Chakra del corazón

Chakra del plexo solar

Chakra de la sede del alma

Chakra de la base
de la columna

Cada estrofa de los decretos de «corazón, cabeza y mano» corresponden a un chakra específico. Si das cada uno al menos tres veces, tendrás la acción de la Trinidad de cada uno de los chakras.

Corazón, cabeza y mano
(chakra del corazón)

El primer mantra invita a la llama violeta al corazón. Tenemos registros de dureza de corazón allí, una ausencia de perdón, tensiones, dudas, temores, así como el mismo trauma de la existencia moderna en las ciudades principales, que produce una carga en el corazón. Cuando se purifica el corazón, puede ser un cáliz para el Yo Real.

Fuego violeta, divino Amor,
¡Llamea en este mi corazón!
Misericordia verdadera Tú
    eres siempre,
Mantenme en armonía contigo
    eternamente.

Ahora invocamos la llama violeta para que destelle en toda el área de la cabeza desde la base del cuello hacia arriba. Deseamos que la llama violeta pase a través de la mente, que despeje los escombros de todos los conceptos que no son claros, veraces o fundados en la ciencia del ser. El apóstol escribió:

«Haya en vosotros este sentir que hubo también en Cristo Jesús».[34] La llama violeta, como la acción del Espíritu Santo, es el medio por medio del cual nuestros vehículos físico, mental y espiritual puedan restaurarse para manifestar la mente de Dios.

> YO SOY luz, tú Cristo en mí libera mi mente
> ahora y por siempre;
> Fuego violeta brilla aquí
> Entra en lo profundo de esta mi mente.
>
> Dios que me das el pan de cada día,
> Con fuego violeta mi cabeza llena,
> Que tu bello resplandor celestial
> Haga de mi mente una mente de luz.

Hay chakras de los rayos secretos en las manos y en los pies, como los puntos donde el cuerpo de Cristo fue clavado. Las manos son el símbolo de Dios en acción como el Espíritu Santo. Todo lo que tocamos con las manos puede bendecirse con la acción del Espíritu Santo de la llama violeta.

> YO SOY la mano de Dios en acción,
> Logrando la Victoria todos los días;
> Para mi alma pura es una gran satisfacción
> Seguir el sendero de la Vía Media.

Tubo de luz (cámara secreta del corazón)

Zacarías dijo: «Yo seré para ella, dice el Señor, muro de fuego en derredor y para gloria estaré en medio de ella».[35] El tubo de luz es el muro en derredor y el fuego violeta es la gloria en medio de ella. El tubo de luz es tu túnica sin costuras, que desciende a tu alrededor como una cascada de luz y forma una armadura de protección a tu alrededor. Te sella de la conciencia de masas y las energías del mundo. Mientras des este decreto, mírate como la figura inferior de la Gráfica de tu Yo Divino (ver página 38) de pie en la llama violeta y sellado en el tubo de luz.

> Amada y radiante Presencia YO SOY,
> Séllame ahora en tubo de luz
> De llama brillante Maestra Ascendida
> Ahora invocada en el nombre de Dios.
> Que mantenga libre mi templo aquí
> De toda discordia enviada a mí.

YO SOY quien invoca el fuego violeta,
Para que arda y transmute todo deseo,
Persistiendo en nombre de la libertad
Hasta que yo me una a la llama violeta.

Perdón (chakra de la sede del alma)

El primer milagro de Jesús, que él demostró en la boda de Caná, fue la transformación del agua en vino. Esto simboliza su misión como una demostración del uso de la energía de Dios, el perdón de las aguas de la conciencia humana, para que puedan cambiarse en el vino del espíritu. El perdón es el primer paso en el sendero espiritual. Cada vez que oramos, venimos al altar o meditamos, en primer lugar, debemos invocar la ley del perdón. El perdón es el principio de la resolución de todos los problemas, personales y planetarios.

Mientras das este decreto, visualiza esferas de energía violeta, morada y rosa que salen para bendecir a toda la humanidad, a todos aquellos con quienes tienes karma, todos a quienes has dañado y todos aquellos que te han hecho daño. No olvides de perdonarte.

YO SOY el perdón aquí actuando,
arrojando las dudas y los temores.

La Victoria Cósmica despliega sus alas
liberando por siempre a todos
   los hombres.

YO SOY quien invoca con pleno poder
en todo momento la ley del perdón;
a toda la vida y en todo lugar
inundo con la gracia del perdón.

Provisión (Chakra del tercer ojo)

Toda la abundancia, tanto espiritual y material, en definitiva, proviene de Dios, la Presencia
YO SOY. Estamos destinados a tener la provisión
que necesitamos para cumplir nuestro plan Divino
y para ayudar a toda la humanidad y al planeta a
entrar en una era dorada.

Saint Germain nos enseña a visualizar la
provisión como oro precipitado. Entre todos los
elementos, el oro representa la luz del sol precipi-
tada, el oro de la regla dorada, como la conciencia
dorada de la mente de Cristo.

El temor y la duda obstruyen la provisión. La
llama violeta se utiliza para despejar todos los
obstáculos a la vida abundante en todos los niveles
de nuestra conciencia, en especial el temor. Mientras das este decreto, visualiza el verde del quinto
rayo de la abundancia alrededor de ti, mezclado

con la llama violeta, mientras monedas de oro descienden a tus manos.

> Libre YO SOY de duda y temor
> desechando la miseria y toda la pobreza.
> Sabiendo ahora que la buena provisión
> proviene de los reinos celestiales del Señor.
>
> YO SOY la mano de la fortuna de Dios
> derramando sobre el mundo los tesoros
>   de la luz,
> recibiendo ahora la abundancia plena
> las necesidades de mi vida quedan satisfechas.

Perfección (Chakra de la garganta)

Jesús dijo: «Sed, pues, vosotros perfectos, como vuestro Padre que está en los cielos es perfecto».[36] Existe un plan divino, un arquetipo interno perfecto para el modo en que deberíamos vivir nuestra vida. Visualizamos esto como una gran esfera azul, que desciende desde nuestro cuerpo causal hacia nuestra aura. A través de la ley de perfección, esta esfera nos alinea con el plan divino y el patrón para nuestra vida.

Este mantra para la perfección restablece la memoria guardada en el cuerpo etérico acerca de la promesa que hicimos antes de encarnar, de la misión que vinimos a cumplir a la Tierra.

Vida de Dirección Divina YO SOY
enciende en mí tu luz de la Verdad.
Concentra aquí la Perfección de Dios
libérame de toda la discordia ya.

Guárdame siempre muy bien anclado
en toda la Justicia de tu plan sagrado,
¡YO SOY la Presencia de la Perfección
¡Viviendo en el hombre la Vida de Dios!

Transfiguración (Chakra de la coronilla)

Sobre el monte de la transfiguración, Jesús, el gran científico de la era de Piscis, demostró la ley universal de energía, por medio de la cual, obligó al núcleo interno de la Presencia YO SOY a que liberara y emitiera su luz. También ordenó al núcleo de todos los átomos físicos de su cuerpo, miles de millones de átomos de sustancia, a emitir su energía en el grado que deseaba. Y ¿cuál fue el resultado? La escritura registra que su rostro brilló como un relámpago y su vestido se hizo blanco y resplandeciente.[37]

Mientras damos este decreto e invocamos la luz de la transfiguración, estamos cambiando nuestra vibración y nuestra conciencia. Todos los días, podemos quitarnos nuestras viejas vestiduras de pecado, de menosprecio y condenación

hacia nosotros mismos; y todos los días podemos
ponernos la túnica, la prenda interna de nuestra
conciencia Crística.

YO SOY quien transforma todas mis prendas,
cambiando las viejas por el nuevo día;
con el sol radiante del entendimiento
por todo el camino YO SOY el que brilla.

YO SOY Luz por dentro, por fuera;
YO SOY Luz por todas partes.
¡Lléname, sana, glorifícame!
¡Séllame, libera, purifícame!
Hasta que así transfigurado todos me describan:
¡YO SOY quien brilla como el Hijo,
¡YO SOY quien brilla como el Sol!

Resurrección (Chakra del plexo solar)

En el momento de la resurrección de Jesús, él
regresó al lugar donde su cuerpo yacía, el sepulcro
de la materia, el laboratorio de la materia. Había
un ángel detrás de su cabeza y un ángel a sus pies,
que sostenían la polaridad masculina y femenina
de la llama de la resurrección. Jesús dio la orden,
mediante la ciencia de la Palabra hablada para que
la llama de la resurrección entrara en su cuerpo y
resucitara su forma física.

La llama de la resurrección es una combinación de la trinidad: rosa, amarilla y azul. Cuando la llama trina está equilibrada y expandida, la vibración se acelera y las tres plumas comienzan a girar. Mientras lo hacen, toman el color de la madreperla, la luz blanca que contiene en su interior los tonos del arco iris.

La llama de la resurrección es un poderoso auxiliar de la sanación. Tiene la capacidad de restablecer el adecuado funcionamiento de la vida, al rejuvenecer el cuerpo y resucitar la memoria del plan divino original.

> YO SOY la llama de la Resurrección,
> destellando la pura Luz de Dios
> YO SOY quien eleva cada átomo ahora,
> YO SOY liberado de todas las sombras.

> YO SOY la Luz de la Presencia Divina,
> YO SOY por siempre libre en mi vida.
> La preciosa llama de la vida eterna
> se eleva ahora hacia la Victoria.

Ascensión (Chakra de la base de la columna)

En el monte Betania, en presencia de quinientos testigos, la nube de la Presencia YO SOY de Jesús «lo ocultó de sus ojos», fuera de su línea de visión o vibración. Y así, quedó constancia para

siempre de que la ascensión es la meta de la vida
para todo hijo e hija de Dios.

Ascendemos un poco cada día, a medida que
se quita una porción del yo irreal y una parte del
Yo Superior desciende a nuestra forma. Cuando
damos este mantra todos los días, afirma la iniciación de la ascensión en nosotros y, finalmente
también podemos elevarnos a la corriente de la
ascensión, la luz de la madre, la llama de pureza
de la madre.

> YO SOY la luz de la Ascensión
> Fluye libre la victoria aquí,
> todo lo bueno ganado al fin
> por toda la eternidad.
>
> YO SOY Luz, desvanecido todo peso
> en el aire ahora me elevo;
> con el pleno poder de Dios en el cielo
> mi canto de alabanza a todos expreso.
>
> ¡Salve! YO SOY el Cristo Viviente,
> un ser de amor por siempre.
> ¡Ascendido ahora con el Poder de Dios
> YO SOY un sol resplandeciente!

CAPÍTULO 5

Maestros, ángeles y elementales

A demás del orden de los maestros y de los hombres, existen otros dos reinos de seres espirituales: el reino angelical y el reino de los seres elementales. Cuando Dios creó al hombre y le ordenó que fuera fructífero, se multiplicara y se enseñoreara de la Tierra, le dio ayudantes para asistirlo en la tarea importante de expandir su reino. Los servidores angelicales y los siervos elementales de tierra, aire, fuego y agua formaron la comitiva cósmica que acompañó al hombre cuando descendió a la Tierra, «arrastrando nubes de gloria», con la promesa: «He aquí, ¡YO SOY el que viene a cumplir tu Voluntad, oh, Dios!».

Durante tres eras doradas, el hombre hablaba sin reservas con su Dios y se relacionaba íntimamente con los ángeles y los elementales. La comunión con toda la vida era ilimitada y la cooperación entre ángeles, elementales y hombres era inmaculada.

El hombre tenía la misión de supervisar la creación y trabajar con Dios para planificar, diseñar, inventar y dirigir las actividades de la Tierra. A los elementales, los constructores de la forma, se les dio la tarea de llevar a la manifestación los propósitos de Dios y el hombre. Y a los ángeles se les asignó la responsabilidad de ministrar las necesidades, tanto de los hombres como de los elementales.

Los tres reinos

Los Elohim son los seres más elevados del reino elemental. Le siguen los directores de los elementos, quienes a su vez están a cargo de los gnomos, silfos, ondinas y salamandras, los seres elementales que cuidan de los cuatro elementos del reino de la Naturaleza.

Los Arcángeles son los seres más importantes del reino angelical, que llega hasta el ángel más pequeño. Este reino incluye a los querubines, serafines y otras órdenes de ángeles bajo sus líderes. Todos los Maestros Ascendidos tienen su propia legión de ángeles, quienes sirven con ellos para amplificar la llama que ellos cuidan.

El reino de los Maestros Ascendidos es la orden de los seres Crísticos, la evolución a la que llamamos los hijos e hijas de Dios. La humanidad está incluida en esta orden. Tienen el destino de convertirse en el Cristo. Se incluyen a los recientes seres ascendidos, así como a los antiguos Maestros, que han manifestado la conciencia Crística.

Los tres órdenes de la jerarquía celestial representan la llama trina. Los hijos e hijas de Dios tienen el propósito de exteriorizar la inteligencia de la mente Crística y de concentrar el genio Divino para la invención y la creatividad. Ellos representan la pluma amarilla de la jerarquía.

La pluma rosa de la llama trina de la jerarquía es la orden de las huestes angélicas. Su servicio es el de incrementar los sentimientos y virtudes de Dios. Traen las cualidades de esperanza, amor, misericordia, compasión, caridad, constancia y todas las virtudes que necesitamos para triunfar en la vida. Los ángeles nos ayudan a amplificar estos sentimientos y, a menudo lo hacen a través de la música celestial, que conocemos como la música de las esferas.

El autor de Hebreos nos dice que Dios «hace a

sus ángeles espíritus y a sus ministros llama de fuego».[38] Dios creó a los ángeles de la misma esencia de sí mismo. Ellos sirven en uno de los siete rayos con sus jerarcas, los siete arcángeles.

El reino elemental representa la pluma azul de la llama trina, el poder de Dios que trae todas las cosas a su manifestación física.

Los siete Elohim

Los siete poderosos Elohim y sus complementos femeninos son los constructores de la forma. Cuando Dios pronunció el fíat: «Sea la luz», los Elohim fueron los que respondieron y mediante su respuesta, «fue la luz».[39] Cuando Dios dirigió la formación del cosmos en el plano físico, fueron los Elohim quienes dieron a luz esa creación.

Elohim es el nombre de Dios usado en el primer verso de la Biblia: «En el principio creó Dios [Elohim] los cielos y la tierra».[40] Elohim es uno de los nombres hebreos de Dios, usado en el Antiguo Testamento unas dos mil quinientas veces, con el significado de «el poderoso» o «el fuerte». Elohim es un nombre uniplural, al referirse a las llamas gemelas de la Divinidad, que abarcan el «Divino Nosotros».

Los siete poderosos Elohim son los «siete espíritus de Dios», nombrados en el Apocalipsis y las «estrellas de la mañana», que cantaban juntas en el Principio, como el Señor las reveló a su siervo Job.

Ángeles a tu lado

Los ángeles, no solo desean interceder por nosotros, sino también trabajar con nosotros. Y para trabajar con ellos, debemos llegar a conocerlos, comprender quiénes son y qué pueden hacer por nosotros.

La palabra ángel proviene del latín *angelus*, que significa «mensajero». Todo ángel que llega a ti es un mensajero, ya sea de amor, de alegría y paz o de enseñanza, advertencia y protección.

Los ángeles son mensajeros de luz. Son extensiones de la Presencia viva de Dios. Dios creó a los ángeles para que llevaran sus mensajes a la humanidad, para que fueran nuestros guardianes y ayudantes y para que ministraran nuestras necesidades. Intensifican los sentimientos de fe, esperanza y caridad, de honor, integridad, valentía, verdad y libertad y todo aspecto de la mente de Dios.

Los ángeles llevan a cabo innumerables tareas. Hay ángeles guardianes, de curación, de sabiduría, de la vida práctica, de amor y compasión. Hay

ELOHIM DE LOS SIETE RAYOS		
Rayo	Elohim	Ubicación de su retiro etérico
1	Hércules y Amazonia	Half Dome, Sierra Nevada Parque Nacional Yosemite, California, Estados Unidos.
2	Apolo y Lúmina	Baja Sajonia occidental, Alemania
3	Heros y Amora	Lago Winnipeg, Canadá
4	Pureza y Astrea	Cerca del golfo del Arcángel, brazo sudeste del Mar Blanco, Rusia
5	Ciclopea y Virginia	Cordillera Altai, donde se encuentran China, Siberia y Mongolia, cerca de Tabun Bogdo
6	Paz y Aloha	Islas de Hawái
7	Arcturus y Victoria	Cerca de Luanda, Angola, África

ángeles que asisten a nuestros ciclos de nacimiento y muerte. Hay incluso ángeles de Navidad, a quienes podemos llamar en todo momento del año para que traiga la alegría de la Navidad al mundo.

Los ángeles ven el gran panorama y trabajan con nosotros en todos los niveles de nuestro ser. Saben de dónde venimos y hacia dónde vamos. Conocen lo que hemos vivido antes y viviremos nuevamente. Comprenden las leyes que gobiernan el universo de Dios, incluso la ley del karma.

Si tienes la bendición de recibir la visita de un ángel, recuerda que los ángeles tienen una misión. Tienen algo que decirte. Y debes escuchar. Debes reflexionar, meditar, aquietarte por un momento y determinar qué es lo que lleva a este ángel a estar junto a ti en este momento especial.

Los ángeles han estado presentes a lo largo de la historia de la humanidad y tienen un lugar en todas las religiones del mundo. Ellos están aún con nosotros, aunque a veces su presencia y nuestra capacidad para sentirlos y entrar en contacto con ellos simplemente es sofocada por la cantidad de «ruido» que nos bombardea en nuestra vida diaria. Cuenta los momentos del día en el que no suena el teléfono, está apagada la televisión y alguna otra cosa no está rondándonos.

Si quieres la compañía de los ángeles, haz un lugar para ellos en tu vida. Pues ellos viven en el mundo del espíritu, el mundo celestial; y nosotros vivimos en el mundo de la Materia. Los ángeles gravitan hacia su hogar de luz de manera natural. Por tanto, si deseas que ellos se sientan cómodos contigo, necesitas lograr que tu mundo, tus pensamientos, sentimientos y tu entorno sea más parecido al de ellos. Si te acercas a los ángeles, ellos se acercarán a ti.

Esto requiere un poco de tiempo y esfuerzo. Se necesita que apartes un tiempo para entrar en una meditación diaria y construir un ímpetu en la meditación, si deseamos tener una comunión más directa con los ángeles y con la mente de Dios en nosotros. Los ángeles pueden ayudarnos a facilitar esa comunión, si los ayudamos al dedicar algo de tiempo para estar a solas y aquietar los sentidos. Puedes querer crear un lugar especial, incluso solo un rincón de una habitación, donde vayas a meditar, orar y comulgar con Dios. Lo que más quieres es sentirte cómodo con los ángeles, sentirte a gusto cuando hablas con ellos y les oras. Ellos escuchan nuestras plegarias y las responden como emisarios de Dios. Han respondido muchas oraciones silenciosas o un intenso deseo del corazón. No tienes que hablar para atraer su atención. Pero obtendrás una respuesta más poderosa cuando les hables en voz alta. Cuando llames a un ángel en el nombre de Dios y en el nombre del Cristo, está obligado a ayudarte por ley cósmica. Usar el nombre de Dios y de su hijo es una clave para trabajar con los ángeles.

Los ángeles obedecerán tus órdenes, en tanto tus peticiones se ajusten a la voluntad de Dios. Si pides algo a un ángel, además de tu llamado, ellos también deben considerar el libre albedrío de las personas por quienes oraste. Algunos rechazarán la plegaria o la intercesión, ya sea de manera consciente o subconsciente y algunos se sanarán o experimentarán la intercesión.

Casi todos los que han pensado alguna vez acerca de los ángeles, hacen la pregunta: ¿Por qué los ángeles responden algunas oraciones y otras no? ¿Por qué una persona ora durante diez años sin obtener lo que quiere, mientras que otra lo logra de manera inmediata? ¿Por qué algunas casas se destruyen por las inundaciones o los incendios, mientras que otras permanecen intactas? ¿No escuchan los ángeles las oraciones de todos?

Sí, los ángeles escuchan las plegarias de todos. Y la respuesta varía debido a que la posibilidad de los ángeles de contestar nuestras oraciones se basa en los efectos acumulados de nuestras acciones pasadas, nuestros actos buenos y malos de esta y de vidas anteriores. Sí, la palabra *karma* aparece nuevamente.

Los ángeles no son ni genios ni Papá Noel. Ellos también tienen que vivir según las leyes del universo, que incluye la ley del karma. Cuando oramos y entregamos devociones a los ángeles, algunas veces pueden eliminar los efectos del karma, pero a menudo solo pueden reducirlos. Y a veces, nuestra alma necesita experimentar algunos de los efectos del karma, con el fin de aprender las lecciones y crecer espiritualmente.

Los ángeles escuchan todas nuestras oraciones. Pero para que se puedan conceder tus peticiones, deben cumplir tres condiciones:

(1) no pueden interferir con el plan divino para tu alma (o con tu karma); (2) no pueden perjudicarte a ti o a alguien más; y (3) el momento debe ser el adecuado.

Es importante que ores por las cosas correctas y que pidas que tus oraciones se ajusten de acuerdo con la voluntad de Dios. Y si encuentras que no recibes respuestas a una oración, tal vez haya una razón. Por ejemplo, podrías orar durante años para ganar la lotería y no lograrlo, pues tu alma necesita aprender la lección de ganar un sustento y tienes karma que saldar con tus compañeros de trabajo. Pero a medida que hagas lo mejor que puedes en tu trabajo, sigas tu camino espiritual y te esfuerces con los ángeles, es posible que obtengas algo que no esperabas, como una ocupación con mejor paga, que te lleve hacia nuevas direcciones. Los ángeles siempre tratan de responderte de la manera que sea lo mejor para ti y tu camino espiritual.

Arcángel Miguel. Tu protector

Todas las escrituras judías, cristianas e islámicas veneran al Arcángel Miguel, el arcángel del primer rayo. La tradición mística judía lo identifica como el capitán de las huestes del Señor, quien apareció ante Josué antes de la batalla de Jericó y también como el ángel que guio a los israelitas a través del desierto.

El Arcángel Miguel y sus ángeles de protección pueden responder tus llamados cuando les oras a diario. En respuesta a tu llamado, las legiones de Miguel pueden establecer un muro de protección de llama azul alrededor tuyo, de tu familia y de tus seres queridos. Incluso las palabras: «*Arcángel Miguel, ¡ayúdame! ¡Ayúdame! ¡Ayúdame!*» traerá a los ángeles del relámpago azul a tu lado, de manera instantánea. Envíalos donde sea que se necesite ayuda. Ningún problema es demasiado pequeño o grande para que llame la atención de los arcángeles.

La siguiente es una oración al Arcángel Miguel que puedes utilizar cuando viajas en cualquier medio de transporte. Llamar al Arcángel Miguel puede convertirse en un hábito antes de entrar al auto todos los días.

Protección de viaje

¡San Miguel delante,
San Miguel detrás,
San Miguel a la derecha,
San Miguel a la izquierda,
San Miguel arriba, San Miguel abajo,
San Miguel, San Miguel, doquiera que voy!

¡YO SOY su Amor protegiendo aquí!
¡YO SOY su Amor protegiendo aquí!
¡YO SOY su Amor protegiendo aquí!

Los demás Arcángeles

El Arcángel Jofiel es el arcángel del segundo rayo de iluminación. Él y sus ángeles proporcionan sabiduría, iluminación y entendimiento. Te ayudan a conectarte con tu yo Superior y te asisten a absorber información, así como a disolver la ignorancia, el orgullo y los prejuicios.

El Arcángel Chamuel es el arcángel del amor. Nos ayuda a prepararnos para recibir el Espíritu Santo y a desarrollar sentimientos de amor, compasión y creatividad, a disolver el egoísmo, la autocondenación y la baja autoestima. Los ángeles del amor nos ayudan en toda clase de relaciones, ya sea a nivel personal (como a reparar una amistad

dañada o un problema
familiar) o a nivel del servicio mundial (tal como
la curación de la tensión
étnica y racial).

Gabriel es el arcángel
del cuarto rayo de la pu-
reza y la disciplina. Es el
ángel de la anunciación,
el que anunció el naci-
miento de Jesús a María
y el que viene a anunciar

Arcángel Miguel

el nacimiento del niño Cristo en ti.

Proporciona guía en la creación de tu vida
espiritual y revela tu plan divino y propósito en
la vida. Se lo puede llamar para disolver el desa-
liento y para promover la alegría, la felicidad y el
cumplimiento. Él y sus legiones pueden ayudar
a establecer la disciplina y el orden en tu vida.
Promueven la organización en todo tipo de entor-
nos, ya sea a nivel personal o en los gobiernos y
en el escenario mundial. El Arcángel Gabriel está
interesado de manera especial en la detención del
terrorismo.

El Arcángel del quinto rayo de la ciencia, la
música y la curación es el Arcángel Rafael. Él y sus

legiones nos asisten a desarrollar la integridad, la visión y la percepción interna espiritual. Él trae el don de la verdad. Podemos llamar a Rafael para que nos ayude a sanar el cuerpo, la mente, el alma y espíritu; y que nos ayude en la práctica de la medicina tradicional y alternativa, la música, las matemáticas, la ciencia y la informática. Repara las desavenencias entre las naciones, sana a los heridos en el campo de batalla de la vida e inspira nuevas curas para las enfermedades.

Uriel es el arcángel del sexto rayo del servicio y la paz. Él se interesa por finalizar la guerra, traer paz y promover la hermandad y la comprensión. También se lo conoce como el arcángel del juicio. Promueve la paz, la tranquilidad interna y la resolución pacífica de todos los problemas. Renueva la esperanza y desenreda los nudos del temor y la ira en la psique. Trabaja con asesores, instructores, jueces, servidores públicos y con todos los que sirven a los demás.

Zadquiel es el arcángel de la llama violeta; trae las cualidades de libertad del alma, felicidad y alegría, perdón, justicia y misericordia. Puede disolver recuerdos dolorosos y rasgos negativos y ayudarnos a desarrollar la tolerancia, el tacto

LOS ARCÁNGELES DE LOS SIETE RAYOS		
Rayo	Arcángeles	Ubicación de su retiro etérico
1	Miguel y Fe	Banff y Lake Louise, Canadá
2	Jofiel y Christina	Al sur de la gran muralla, cerca de Lanchow, al norte y centro de China
3	Chamuel y Caridad	St. Louis, Missouri, Estados Unidos
4	Gabriel y Esperanza	Entre Sacramento y Monte Shasta, California, Estados Unidos
5	Rafael y Madre María	Fátima, Portugal
6	Uriel y Aurora	Montes Tatra, al sur de Cracovia, Polonia
7	Zadquiel y Amatista	Cuba

y la diplomacia. Como todos los arcángeles, su servicio mundial es vasto. Invócalo para realizar negociaciones exitosas y acuerdos de toda clase.

Rézales a todos los arcángeles diariamente. No existe un área de aprendizaje en el que los arcángeles no se destaquen. Con los Elohim, quienes son los cocreadores de la vida y de la forma, también tienen el poder de crear y de deshacer la creación.

Los Arcángeles son seres extraordinarios, nada menos que extensiones de Dios mismo, personificados en la forma como la gracia, la majestad y el poder de Dios encarnados.

Trabajar con la vida elemental

Sin la labor incansable de los elementales, no tendríamos una plataforma física en la cual vivir. No tendríamos un lugar para resolver nuestro karma o crecer a nivel espiritual.

Los elementales tienen la misión de mantener el equilibrio de las fuerzas de la naturaleza en la Tierra. El desequilibrio apareció debido al peso kármico de la humanidad, que se fue acumulando a lo largo de los siglos y los milenios. Sin embargo, los elementales continúan trabajando de manera heroica para limpiar la tierra, el aire y el agua de nuestro planeta.

Día tras día, ellos se esfuerzan por mantener la Tierra en equilibrio. Como la humanidad, pueden volverse apáticos, cansados, abrumados y sobrecargados. Pueden encorvarse por la contaminación y el peso del karma de la humanidad. Si los hombres invocan la llama violeta para despojar a la vida elemental de esta carga, los elementales serán capaces de servir con mayor eficacia y traerán una nueva armonía a la Tierra y a su entorno.

Miremos brevemente las cuatro clases de seres elementales y sus supervisores, los jerarcas de los elementos.

Los silfos son los elementales del aire, quienes controlan los cuatro vientos, la atmósfera y las nubes. Bajo la dirección de sus jerarcas, Aries y Thor, los silfos lavan y purifican la atmósfera, airean la mente, el corazón y toda célula de la vida. Son los responsables de purificar el elemento aire, la atmósfera, el cinturón mental del planeta y su gente.

Neptuno y Luara son los jerarcas del elemento agua. Dirigen las actividades de las ondinas, los elementales del agua, quienes regulan, purifican y equilibran las aguas de la Tierra, así como el cuerpo emocional del hombre. Las ondinas intensifican la pureza y el flujo de la luz de Dios en las aguas. Debido a que más de las dos terceras partes de la superficie de la Tierra está cubierta de agua, las ondinas se mantienen muy ocupadas.

Se nos ha pedido que invoquemos la llama violeta para transmutar no solo la contaminación física del agua, sino también el inconsciente colectivo de la humanidad y toda oscuridad, enfermedad y muerte, que contamina el cuerpo emocional de la humanidad y las aguas del planeta Tierra.

Los seres elementales de fuego son las ardientes salamandras. Ellas sirven bajo la dirección de Orómasis y Diana para asistir en la purificación de los cuatro cuerpos inferiores de la humanidad y para liberar el cuerpo físico de las densidades de los alimentos impuros, las drogas y los estimulantes.

Las salamandras son seres ardientes, cuyas auras se ondulan con los rayos del arco iris del cuerpo causal. Se componen de fuego líquido que refleja la conciencia de aquellos a quienes sirven; su apariencia cambia de manera constante, pues su naturaleza semejante al camaleón refleja al instante el prisma de la conciencia Crística que opera en sus formas.

Donde sea que haya un fuego descontrolado, invoca a Orómasis y Diana y a las ardientes salamandras para que manifiesten la voluntad de Dios y al mismo tiempo invoca su liberación de la influencia de las fuerzas negativas que han aprisionado a la vida elemental. Llama al Arcángel Miguel para que libere a las salamandras y a toda la vida elemental de la negatividad y de la magia negra, que les impide llevar a cabo su servicio con total obediencia a la voluntad de Dios.

Virgo y Pelleur son los directores del elemento tierra, la madre y el padre de la tierra y los elementales del elemento tierra, quienes son conocidos como los gnomos. Hay miles y miles de millones de gnomos que se ocupan de los ciclos de la tierra en las cuatro estaciones y purifican el planeta de venenos y contaminantes, que son tan peligrosos para el cuerpo físico del hombre, la vida animal y vegetal.

El elemental del cuerpo

Hay un ser elemental más, que es digno de mencionar. Cada uno de nosotros tiene un siervo fiel, que se llama elemental del cuerpo, un ser de la naturaleza (generalmente invisible, que funciona desapercibido), quien ha servido a nuestra alma desde el momento de nuestra primera encarnación. Tiene la tarea de cuidar el cuerpo físico. Tiene cerca de un metro de altura y es semejante al individuo, trabaja con el ángel guardián bajo la dirección del Yo Crístico y es el amigo y ayudante invisible del hombre.

El elemental del cuerpo no tiene una llama trina. Sin embargo, cuando hayamos obtenido nuestra propia resurrección y nos preparamos para la ascensión, nuestro elemental del cuerpo se puede dotar de una llama trina y ascender con nosotros.

El elemental del cuerpo tiene una conciencia que impregna tu cuerpo físico. Pero eres su maestro. A medida que les des un aporte positivo en vez de quejas negativas, serás mucho más feliz, más saludable y santo; y también lo será tu elemental del cuerpo. Y por supuesto, no puede realizar el mejor trabajo, aunque quisiera, cuando no le proporcionas la mejor alimentación, ejercicio y prácticas espirituales.

CAPÍTULO 6

La oscuridad y la luz

Solo necesitamos leer los periódicos todos los días para darnos cuenta de que no está todo bien en la Tierra.

Mientras vemos a mucha gente que intenta traer un cambio positivo, paz y curación para el mundo, también vemos a otros que traen odio, fanatismo, violencia y destrucción. Parte del propósito de nuestro ser es el de traer el plan divino a la Tierra. Y cuando procuremos hacerlo, al final nos encontraremos cara a cara con la oscuridad que se opone a ello.

Cielo e Infierno

Ya hemos hablado acerca del mundo celestial y de los seres de luz que allí habitan. Sin embargo, así como hay planos de existencia con una vibración superior al físico, hay planos más inferiores en vibración también. Estos niveles se denominan plano *astral*, una frecuencia de tiempo y espacio más allá del plano físico, que se corresponde con el cuerpo emocional y el inconsciente colectivo de la humanidad.

Los pensamientos y sentimientos impuros de la humanidad han enlodado y contaminado tanto el plano astral, que el término *astral* se utiliza a menudo para denotar planos negativos de existencia. Y mientras el cuerpo emocional del planeta estaba destinado a ser el reflejo puro de la conciencia de Dios, hallamos que la contaminación de estos niveles es mucho peor que la que se encuentra en el plano físico.

Así como existen treinta y tres niveles hacia el mundo celestial, de igual manera existen treinta y tres niveles del plano astral, que descienden más y más en vibración. Las capas inferiores del plano astral son densas y lugares oscuros, donde la maldad y los espíritus malvados pueden morar. Los niveles más profundos y tenebrosos podrían considerarse como equivalentes del infierno. Estos son los lugares donde se hallan los seres más oscuros de las tinieblas.

Fuerzas de oscuridad

Así como existen grandes seres de luz en el mundo celestial, de igual manera hay fuerzas oscuras más allá del velo, quienes intentan perturbar el plan divino del cielo. Su origen se describe en el libro del Apocalipsis:

> Después hubo una gran batalla en el cielo: Miguel y sus ángeles luchaban contra el dragón; y luchaban el dragón y sus ángeles; pero no prevalecieron, ni se halló ya lugar para ellos en el cielo. Y fue arrojado fuera el gran dragón, la serpiente antigua, que se llama diablo y Satanás, el cual engaña al mundo entero; fue arrojado a la tierra, y sus ángeles fueron arrojados con él.[41]

La cola del dragón arrastró a una tercera parte de las estrellas del cielo, una tercera parte de los ángeles y los arrojó a la tierra. Y así, hace miles de años, estos ángeles, quienes se rebelaron contra Dios, se expulsaron del cielo hacia los planos de la Tierra, los cuatro planos de la Materia. Hoy continúan, como los espíritus invisibles (y algunos en el físico), quienes son los mensajeros de la oscuridad, quienes se oponen a la luz y a los portadores de luz.

Desafiar a la oscuridad con Luz

La labor espiritual debe realizarse para desafiar a la oscuridad con luz. El Arcángel Miguel y sus legiones son quienes tienen la misión de entrar en esta batalla de luz y oscuridad. Cuando los llamamos, les otorgamos la autoridad de entrar en los planos de la Materia para atar y quitar a los ángeles caídos, quienes ocasionan tanto daño a los niños de Dios.

A fines del siglo 19, el Papa León XIII publicó una oración a San Miguel Arcángel. Se puede usar para exorcizar los espíritus malignos que asedian nuestra luz, nuestra conciencia y para despejar muchas fuerzas de oscuridad de la Tierra. Así como Miguel arrojó a Lucifer y a los ángeles caídos del cielo, así también él es la clave en la gran batalla espiritual que se está librando en este mundo. Acá está la oración del Papa León adaptada para los desafíos de la actualidad:

> San Miguel arcángel, defiéndenos en Armagedón. Sé nuestra protección contra las maldades y acechanzas del diablo. Rogamos humildemente que Dios lo reprenda y que tú, oh, Príncipe de las huestes angélicas, por el poder de Dios, ates a las fuerzas de la Muerte y el infierno, la prole de Satanás, la falsa

jerarquía del Anticristo y todos los espíritus malignos
que rondan por el mundo en busca de la ruina de las
almas y los encarceles en la Corte del Fuego Sagrado*
para su juicio final.

Arroja a los seres de las tinieblas y su oscuridad,
a los malhechores, sus malas palabras y obras: causa,
efecto, registro y memoria, al lago del fuego sagrado,
preparado para el diablo y sus ángeles.

En el nombre del Padre, del Hijo, del Espíritu
Santo y de la Madre. Amén.

Cuando das una oración o una invocación
como esta, estás rodeado por la comunión de los
santos, la nube de los testigos. Cuando vas hacia
tu Presencia YO SOY, el Espíritu Santo desciende
como el Consolador. El Arcángel Miguel y sus legiones responden de inmediato. Su Presencia está
contigo. Puedes reclamar ese ímpetu y ese poder,
respaldado por los Maestros Ascendidos y todo el
Espíritu de la Gran Hermandad Blanca.

Y puedes hacer el llamado para desafiar a toda
oscuridad que te aparezca o que llame tu atención.

Solo tienes que hacer el llamado. Usa la ciencia de la Palabra hablada y por ley cósmica, los
Maestros Ascendidos deben venir y permanecer
en tu aura. Pueden multiplicar su cuerpo de luz y

*La Corte del Fuego Sagrado se describe en Apocalipsis, capítulos 4 y 5.

colocar su Presencia sobre ti, sobre todos y sobre todo lugar donde se invoque la luz.

Juicio a las fuerzas de oscuridad

Jesús es el gran guía que nos muestra cómo detener la proliferación del mal en la Tierra y desafiar las fuerzas de las tinieblas, que amenazan con apoderarse de la luz.

Hace dos mil años, él dijo: «Para juicio he venido yo a este mundo»[42] y le dijo a Pedro: «Y a ti te daré las llaves del reino de los cielos; y todo lo que atares en la tierra será atado en los cielos; y todo lo que desatares en la tierra será desatado en los cielos».[43]

Hoy Jesús y Saint Germain nos dan estas llaves para atar a los ángeles caídos. Los antiguos manuscritos tibetanos dicen que Jesús pasó dieciocho años (desde los doce hasta los 30 años) en Oriente, como estudiante e instructor. Dominaba las escrituras hindúes y budistas, aprendió a sanar y a expulsar demonios. En Oriente, Jesús preparó su misión en Palestina y aprendió a invocar la luz para lidiar con las fuerzas de las tinieblas en la Tierra.[44]

Dijo a sus discípulos antes de partir: «El que en mí cree, las obras que yo hago, él las hará también;

y aún mayores hará, porque yo voy al Padre».[45]

¿Cómo es posible que podamos hacer mayores obras que Jesús? Solo a través del Cristo interno. Tenemos la simiente de Cristo en nosotros y podemos llegar a ser más y más de esa luz Crística. Y a medida que nuestro propio yo Crístico se refuerce por medio del Cristo de Jesús, podemos hacer esas mayores obras.

Jesús y los seres de luz en el Cielo nos confieren el poder para reducir el mal en la Tierra. El apóstol Pablo confirmó el otorgamiento de este poder, cuando habló a los cristianos en Corintios:

> ¿O no sabéis que los santos han de juzgar al mundo? Y si el mundo ha de ser juzgado por vosotros, ¿sois indignos de juzgar cosas muy pequeñas? ¿O no sabéis que hemos de juzgar a los ángeles[caídos]? ¿Cuánto más las cosas de esta vida?[46]

El verdadero significado del juicio

Cuando hablamos del juicio, no nos estamos refiriendo a la crítica hacia los demás. De hecho, la Biblia nos advierte acerca de juzgar a otros: «No juzguéis, para que no seáis juzgados».[47]

Cuando oramos para el juicio de las fuerzas de las tinieblas, debemos ser muy claros acerca de quién está haciendo el trabajo. No es nuestro yo humano ni nuestra personalidad humana. La Biblia nos dice: «mayor es el que está en vosotros, que el que está en el mundo».[48]

El que está en nosotros es la luz del Cristo, el hombre oculto del corazón, nuestro propio Santo Ser Crístico. No existe un instrumento de la magia negra, ningún caído, que pueda permanecer ente el Señor, el Cristo vivo. Pero necesitamos ser muy claros que no es el «pequeño yo», el yo inferior, quien está haciendo esto. Es el yo superior quien hace el trabajo: Cristo en mí, Dios en mí es el hacedor. No juzgamos; la luz es el juez.

Jesús advierte que, si intentamos hacer este trabajo y derrotamos solos al adversario, no existe garantía de nuestra supervivencia. Pues mediante los ejércitos del Señor, mediante el Fiel y Verdadero,[49] mediante la venida del Espíritu Santo en todo el Espíritu de la Gran Hermandad Blanca, los niños de la luz escaparán de estos perpetradores de la oscuridad.

Si hacemos este trabajo, debemos también llegar a conocer al Arcángel Uriel, el ángel del Juicio del Señor. Su presencia en el cielo y en la tierra es fundamental para el trabajo espiritual de tratar con el mal. Uriel y los demás arcángeles están preparados para asistir en la solución de todos los problemas mundiales, incluido el fin del terrorismo internacional, pero necesitan de nuestra ayuda y nuestros llamados.

La simiente de luz interior

Cuando lidiamos con las fuerzas de oscuridad, necesitamos mantener los ojos dirigidos hacia la luz. Es importante concentrarnos en la simiente de Dios que está en todos, incluso en nuestro peor enemigo. Cuando nos enfocamos en esa luz y la alimentamos en nosotros mismos y en los demás, la luz puede expandirse en la Tierra para reemplazar a la oscuridad, que se elimina en la acción del juicio.

Los problemas del mundo no se resolverán a través de las Naciones Unidas; en cambio, se resolverán a través de individuos unidos a Dios. Una persona en unión con Dios puede ser el que encienda y eleve al mundo. Todos los avatares y seres de luz de las principales religiones enseñaron ese mensaje de diferentes maneras.

Puedes aspirar a esa meta, mientras trabajes en cualquier campo o profesión a la que te sientas llamado a seguir, así como puedes adorar y orar de cualquier manera que hable a tu corazón.

El enemigo interno

Cada uno de nosotros tiene un yo superior y una simiente de luz interior. También tenemos un yo irreal, que se conoce en la tradición esotérica como el morador del umbral. Es el antiser, el yo sintético, la antítesis del Yo Real. También se lo conoce como el enemigo interno.

El morador es el conglomerado del ego auto-creado, mal concebido a través del uso excesivo del don del libre albedrío. Consiste en la mente carnal y una constelación de energías mal calificadas, campos energéticos, focos y magnetismo animal* que comprende la mente subconsciente.

Los impulsos acumulados del karma no transmutado en órbita alrededor del núcleo del yo sintético forman lo que parece un «cinturón electrónico» de energía mal calificada alrededor de la porción inferior del cuerpo físico del hombre. Alrededor de los cuatro cuerpos inferiores, desde la cintura hacia abajo, este cinturón electrónico contiene la causa, efecto, registro y memoria del karma humano en su aspecto negativo. Diagramado en el punto del plexo solar, se extiende hacia abajo en una espiral negativa hasta debajo de los pies.

*magnetismo animal es densidad y sustancia negativa en cualquiera de los cuatro cuerpos inferiores.

Este conglomerado de creación humana forma un campo energético denso que se asemeja a la forma de un timbal.

Se lo conoce como el reino del subconsciente o el inconsciente, el cinturón electrónico contiene los registros del karma no redimido de todas las encarnaciones. A la vista de este vórtice de energía no transmutada se encuentra la conciencia del antiyo personificado en el morador del umbral, que debe eliminarse antes de que uno pueda alcanzar la plena Cristeidad.

El morador puede permanecer latente en el subconsciente y aparecer rara vez en la superficie de la conciencia, ya que las personas llevan sus vidas en el dominio del bien relativo, sin hacer contacto con la plenitud del Cristo ni con la totalidad del anti-Cristo. Pero cuando la serpiente dormida del morador se despierta por la presencia del Cristo, el alma debe tomar la decisión por libre albedrío de eliminar, mediante el poder de la Presencia YO SOY, a esta fuerza personal obstinada del anti-Cristo y convertirse en el defensor del Yo Real, hasta que el alma se reúna plenamente con ese Yo Real.

El yo irreal es sutil y astuto y percibirlo es una de las claves más importantes que tenemos en el sendero espiritual. Para obtener la victoria sobre el yo inferior, necesitamos invitar la asistencia de los ángeles y de los Maestros, que ya han vencido las limitaciones y condiciones externas. Están preparados y dispuestos a ayudarnos.

> *Por lo demás, hermanos míos, fortaleceos en el Señor, y en el poder de su fuerza. Vestíos de toda la armadura de Dios, para que podáis estar firmes contra las asechanzas del diablo. Porque no tenemos lucha contra sangre y carne, sino contra principados, contra potestades, contra los gobernadores de las tinieblas de este siglo, contra huestes espirituales de maldad en las regiones celestes. Por tanto, tomad toda la armadura de Dios, para que podáis resistir en el día malo, y habiendo acabado todo, estar firmes. Estad, pues, firmes, ceñidos vuestros lomos con la verdad, y vestidos con la coraza de justicia.*

Pablo a los efesios

CAPÍTULO 7
La jerarquía celestial

La jerarquía celestial es una vasta red de Maestros, ángeles y seres cósmicos, que trabajan conjuntamente con la humanidad no ascendida y la vida elemental, para la victoria de la vida en este hogar planetario. Ya hemos hablado acerca de los siete chohanes, los siete arcángeles, los siete Elohim y los jerarcas del reino elemental. Aquí hay algunos otros seres celestiales, quienes trabajan en estrecha colaboración con la Tierra y sus habitantes.

Los Instructores del Mundo, Jesús y Kuthumi

Jesús y Kuthumi ocupan el cargo de Instructores del Mundo. Son los responsables de exponer las enseñanzas que serán el fundamento de la

Jesús y Kuthumi

automaestría individual y la conciencia Crística en este ciclo de dos mil años. Ellos patrocinan a todas las almas que buscan la unión con Dios, las instruyen en las leyes fundamentales que gobiernan las secuencias de causa y efecto de su propio karma y les enseñan el modo de lidiar con los desafíos diarios de su dharma individual (el deber de cumplir el potencial Crístico a través de la labor sagrada).

Los Instructores del Mundo patrocinan la educación de las almas en la luz Crística a todo nivel, desde el preescolar a través de la educación primaria, secundaria hasta los niveles terciarios y universitarios. Han inspirado a maestros, filósofos, científicos, artistas y personas de todas las condiciones sociales en todas las naciones con la sabiduría de las eras, como se aplica en cada cultura particular, así como las muchas culturas del mundo sirven para dar a luz las muchas facetas de la conciencia Crística.

Traen a la humanidad las enseñanzas del Cristo Cósmico y las diversas etapas del sendero de iniciación.

Sanat Kumara, el Anciano de Días

Sanat Kumara es un gran maestro de luz, quien vino a la Tierra hace eones, en el momento más bajo de la historia del planeta. Toda la luz se había retirado de las evoluciones de la Tierra y no existía un solo individuo que adorara a su Presencia Divina. Era tan grande su alejamiento de la ley cósmica, que el Consejo Cósmico decretó la disolución del planeta.

Sanat Kumara vino a la Tierra en esta hora más oscura. Él y su grupo de 144 000 almas de luz que lo acompañaron, se ofrecieron de manera voluntaria a guardar la llama de la vida a favor de la gente de la Tierra. Prometieron hacer esto, hasta que los niños de Dios pudieran responder al amor de Dios y se volvieran una vez más a servir a su Presencia YO SOY.

Sanat Kumara fue el primer Mensajero del

planeta y el primer Guardián de la Llama después de la caída del hombre y de la mujer. Su retiro, conocido como Shambala, se establecía en el Mar de Gobi (ahora desierto de Gobi).

El retiro físico de Shambala se retiró más tarde al plano etérico.

El nombre Sanat Kumara proviene del sánscrito, que significa «siempre joven» Es conocido como el eterno joven y también es llamado por el profeta Daniel el Anciano de Días.[50]

El linaje del rayo rubí

Sanat Kumara y los Maestros que sirven con él en el linaje del rayo rubí son los grandes instructores de esta era. Vienen a iniciarnos en el sendero del rayo rubí del sacrificio, la entrega, la abnegación y el servicio. Estos cinco Maestros son Sanat Kumara, Buda Gautama, Señor Maitreya, Jesucristo y Padma Sambhava.

Sanat Kumara

Buda Gautama alcanzó la iluminación del Buda en su encarnación final como Siddhartha Gautama (c. 563–483 a.C.). Durante cuarenta y cinco años, predicó su doctrina de las Cuatro Nobles Verdades, el Sendero Óctuple y el Camino Medio, que lo condujo a la fundación del budismo.

Gautama mantiene el cargo de Señor del Mundo (al que se refieren en el libro del Apocalipsis como «Dios de la Tierra»). A niveles internos, sostiene la llama trina de la vida, la chispa divina, para todos los niños de Dios en la Tierra.

El Señor Maitreya mantiene el cargo de Cristo Cósmico y Buda Planetario. En Oriente, se lo conoce como el Buda venidero largo tiempo esperado, quien vendrá a inaugurar una nueva era de paz y de hermandad.

Maitreya dice: «Yo soy el Buda del ciclo de Acuario».[51] Esta es la era de su venida y ha pasado a primer plano con el fin de enseñar a todos los que se apartaron del camino del Gran Gurú, Sanat Kumara, de cuyo linaje descendieron tanto él como Gautama.

Maitreya logró la conciencia Crística muchos siglos antes de la encarnación final de Jesús. Él patrocinó a Jesús y fue su instructor, a quien Jesús (además de la propia Presencia YO SOY de Jesús) llamó Padre.

Él focaliza el resplandor del Cristo Cósmico a las evoluciones de la Tierra. Es el guardián del

planeta Tierra desde Venus y su nombre significa
«bondad amorosa». Se lo conoce también como
el gran iniciador, pues nos inicia en los ciclos cósmicos y supervisa nuestra iniciación en el sendero
espiritual.

Jesucristo vino hace dos mil años a demostrar un sendero de Cristeidad que todos podrían
recorrer en esta era. Lo conocemos hoy como el
Maestro Ascendido e instructor mundial y está
buscando una vez más a discípulos que deseen
caminar el sendero con él y conocer la victoria de
la ascensión.

Padma Sambhava es venerado a lo largo de
los países de los Himalayas como el «Gurú pre-
ciado». Es el fundador del budismo tibetano y sus
seguidores lo veneran como el «segundo Buda».
El nombre Padma Sambhava significa literalmente
«nacido del loto». Es el gran devoto de Jesucristo
y Buda Gautama. El Morya ha dicho que buscar
la unidad con Jesús es importante para todos los
buscadores espirituales; y podemos procurar esa
unidad a través de Padma Sambhava.

La Junta Kármica

La ley del karma es una ley universal; y todos
con el tiempo reciben el fruto de su siembra, tanto

buena como mala. Sin embargo, los ciclos del karma se pueden alargar y acortar e incluso el karma puede hacerse a un lado por un tiempo, a través de la ley del perdón. En diversos momentos, Jesús y muchos otros miembros de la Hermandad se han adelantado, para permanecer entre la humanidad y su karma que regresa. Se han ofrecido para llevar la carga, de manera que la humanidad no pudiera caer por debajo del peso de su karma.

La ley es impersonal en principio, pero personal en su aplicación; y hay grandes seres de luz, quienes adjudican el karma y el perdón, la misericordia y el juicio para la Tierra y para cada corriente de vida. Los que son responsables de estos asuntos en este sistema de mundos son conocidos como la Junta Kármica.

Todas las almas pasan delante de la Junta Kármica antes de cada encarnación en la Tierra para recibir su misión y la asignación kármica para esa vida. También pasan ante la Junta Kármica, al concluir cada vida para revisar su desempeño. Muchas personas que pasaron por una experiencia cercana a la muerte han hablado acerca de transitar por ese repaso de la vida, antes de su decisión de regresar.

Los miembros de la Junta Kármica son: El Gran Director Divino, la Diosa de la Libertad, la

Maestra Ascendida Nada, el Elohim Ciclopea; Palas Atenea, la Diosa de la Verdad; Porcia, la Diosa de la Justicia; Kuan Yin, la Diosa de la Misericordia; y Vairochana, uno de los cinco Budas Dhyani.

Los Señores del Karma adjudican los ciclos del karma individual, karma grupal, karma mundial y siempre buscan aplicar la Ley de manera de otorgar a la gente la mejor oportunidad para realizar su progreso espiritual. Cuando los Señores del Karma emiten una espiral de karma para el planeta, todo el reino de la naturaleza juega un papel en su descenso, que siempre es de acuerdo con la ley de los ciclos. Los elementales han sido los instrumentos principales del regreso kármico de la discordia humana. El primer recuerdo que tenemos de este fenómeno es el hundimiento del continente de Lemuria debajo del Pacífico, hace muchos miles de años, por el karma del abuso del fuego sagrado por parte de los sacerdotes y sacerdotisas en los altares de Dios.

Dos veces al año, en los solsticios de invierno y verano, los Señores del Karma se reúnen en el Retiro del Royal Teton para revisar las peticiones de la humanidad no ascendida. Tradicionalmente, los estudiantes de los Maestros escriben peticiones personales a la Junta Kármica, en las que solicitan se les conceda energía, dispensaciones y patrocinio para proyectos y emprendimientos constructivos. Las cartas se consagran y se queman. Luego, los ángeles llevan la matriz etérica de estas cartas al Retiro del Royal Teton, donde los Señores del Karma las leen. Los estudiantes que están pidiendo asistencia, pueden ofrecer llevar a cabo un servicio o trabajo particular o se comprometen a ciertas oraciones y decretos, que los Maestros puedan usar como «capital inicial» para algo que ellos deseen lograr en el mundo. También pueden ofrecer una porción de su cuerpo causal, como energía para que los Maestros la usen, pero una ofrenda así debe ser aprobada por los Señores del Karma. El porcentaje exacto lo determinarán la Presencia YO SOY y el Santo Ser Crístico.

Aquí hemos visto una porción muy pequeña de las obras del mundo espiritual. Hay muchos otros Maestros Ascendidos y huestes angelicales, Budas, bodhisatvas y seres cósmicos a quienes podemos llamar y quienes trabajan en estrecha colaboración con nosotros. Puedes buscar más acerca de muchos de ellos en el libro *Los Maestros y sus retiros.*

CAPÍTULO 8

Llamas gemelas, almas compañeras y parejas kármicas

A medida que evolucionamos en el sendero espiritual, nuestras pruebas aparecen a menudo a través de nuestras interacciones con los demás. Algunas de nuestras iniciaciones más difíciles y también algunas de las alegrías más grandes de la vida vienen a través de las relaciones humanas.

Tenemos muchas oportunidades para trabajar en estas relaciones. A lo largo de los siglos de nuestras encarnaciones, hemos tenido muchos roles: hemos sido padre y madre, esposo y esposo, padre e hijo, hermano y hermana, socios comerciales y toda clase de relaciones en el medio.

De todas estas relaciones, el amor entre un

hombre y una mujer ha proporcionado el telón de fondo para algunas de las experiencias más intensas e inspiradoras. Los vínculos de amor son fuertes y persisten de una vida a otra. Han sido también la causa de mucho karma y sufrimiento, que a menudo han forjados lazos kármicos que atan más allá de los años.

Si podemos dominar estas relaciones, pueden ser una fuente de gran alegría y mucho progreso en el sendero espiritual. Comprender los diferentes patrones de estas relaciones: llamas gemelas, almas compañeras y parejas kármicas, puede ayudarnos.

Llamas gemelas enamoradas

La búsqueda de amor y de la pareja perfecta en la vida es, en realidad, la búsqueda de la integridad. Cada uno de nosotros, ascendidos o no ascendidos, tiene un alma gemela o llama gemela, quien fue creada con nosotros en el principio. La llama gemela es la otra mitad del todo divino.

Hace eones, tú y tu llama gemela de pie ante el Dios Padre-Madre, se ofrecieron como voluntarios para descender a los planos de la Materia y llevar el amor de Dios a la Tierra. El plan original fue el de vivir durante una serie de encarnaciones en la Tierra y luego regresar al corazón de Dios en el ritual de la ascensión.

Sin embargo, mientras estábamos en la Tierra, caímos del estado de perfección, al abusar de la luz de Dios. La diferencia de vibración nos separó uno del otro y pronto nos separamos físicamente de nuestra llama gemela por el karma de falta de armonía, temor y desconfianza. En cada

Llamas gemelas

encarnación subsiguiente que pasamos apartados de la llama gemela creamos karma negativo, que amplió el abismo entre nosotros o, equilibramos algo del karma que se interponía en el camino de la reunión.

Ahora es el momento, al final de este ciclo de historia, que avanza hacia la era de Acuario, que la gente otra vez está buscando entrar en contacto con su llama gemela. Esta búsqueda la impulsa nuestro Yo Superior y a veces no se comprende a nivel físico.

A menudo, cuando la gente aprende que comparte una misión singular con su llama gemela, comienzan a buscar esa alma especial de manera física, en vez de procurar su integridad interna. Esta es siempre una desviación en el sendero espiritual, porque nuestra relación con Dios y con nuestro Yo Superior es la que mantiene la clave para hallar y ser uno con nuestra llama gemela.

La ley cósmica requiere que primero definamos nuestra propia identidad en Dios, antes de que podamos abrir por completo el potencial espiritual conjunto de nuestra llama gemela. Pues hasta que estas no alcancen un cierto nivel de maestría y unidad con su propio Ser Real, a menudo son incapaces de enfrentar el peso de su karma negativo, ya que este se amplifica en la presencia de su llama gemela. El mismo factor singular que otorga a las llamas gemelas su gran poder espiritual: su idéntico arquetipo de identidad, puede ocasionar asimismo el aumento de sus patrones negativos.

Mientras que las llamas gemelas tienen un vínculo y un destino eterno a niveles espirituales, de acuerdo con su plan divino puede ser que no siempre estén juntos de manera física en esta vida. Si la relación de las llamas gemelas no ha de servir a un propósito espiritual, si su restablecimiento en esta vida va a significar la ruptura de familias y hogares, si va a ocasionar un cataclismo en la vida de las personas, porque están en diferentes situaciones, en las que están obligados a involucrarse (pues están resolviendo karma del pasado), entonces, a veces la mente externa prefiere no lidiar con lo que alma conoce a niveles subconscientes. Y, por lo tanto, la mente externa no admite sin inconvenientes la «precognición», que siempre está presente con el alma.

Tu llama gemela puede haber obtenido ya la liberación del alma y haberse reunido con Dios en el ritual de la ascensión; o puede estar aun luchando por hallar el camino. Donde se encuentre tu llama gemela y su estado de conciencia, puede influir de gran manera en tu propia capacidad para hallar la integridad. Debido a que ambos comparten el mismo arquetipo de identidad, como el diseño de un copo de nieve, único en todo el cosmos, cualquiera sea la energía que envíes, se imprime o graba, con ese patrón específico. De acuerdo con la ley que dice que lo semejante atrae a lo semejante, toda la energía que emites transita hacia tu llama gemela, ya sea como un obstáculo o una ayuda en su sendero hacia la integridad.

Cuando envías amor o esperanza, estas cualidades elevarán a tu llama gemela. Pero si te encuentras agobiado con frustración u odio, tu llama gemela sentirá de igual manera el peso de estos sentimientos carentes de armonía. A veces, las alegrías o depresiones inexplicables que sientes son los estados de ánimo de tu otra mitad, que se registran en tu propia conciencia.

Puedes acelerar tu progreso espiritual si, en tus oraciones, meditaciones y decretos, invocas a tu Presencia YO SOY para entrar en un contacto interno del corazón con tu llama gemela.

Puedes hacer la siguiente invocación:

> *En el nombre del Cristo, llamo a la bendita Presencia YO SOY de nuestra llama gemela para que sellen nuestro corazón en la unidad para la victoria de nuestra misión hacia la humanidad. Invoco la luz del Espíritu Santo para consumir todo karma negativo que limite la plena expresión de nuestra identidad divina y el cumplimiento de nuestro plan divino.*

Al decir esto, aún si viven en esferas separadas, se pueden unir a nivel espiritual en los planos superiores y dirigir la luz hacia tu propio mundo y el mundo de tu llama gemela, para equilibrar el karma mutuo. Este contacto interno magnifica la luz y el logro que cada uno tiene y libera el impresionante poder de la polaridad de su amor; y les permite fortalecerse contra los conflictos que llegan de manera inevitable a la puerta de todos los que desean defender el amor.

El uso de la llama violeta transmutadora puede también contribuir en gran medida a consumir la capa de karma que se interpone entre tú y tu llama gemela. Ese karma solo está esperando consumirse, mediante la acción gozosa y burbujeante de la llama violeta.

¡Tu misión, tu llama gemela y tu suprema reunión en el corazón de Dios te esperan! Y la realidad es que las llamas gemelas siempre están unidas a niveles internos, incluso si están separadas por circunstancias externas. Tu Santo Ser Crístico y el Santo Ser Crístico de tu llama gemela es el imán que los reunirá, en este mundo, si fuera posible y, en el próximo.

Almas compañeras

La relación de las almas compañeras es un poco diferente al de las llamas gemelas. Las almas compañeras vienen juntas, pues tienen una misión conjunta. Están trabajando para dominar los mismos tipos de karma y desarrollar las energías del mismo chakra. Las almas compañeras tienen una atracción, que se basa en la labor sagrada y en el sendero de automaestría. Una alma compañera es como un eco de uno mismo en la Materia, que realiza la misma tarea para cumplir el proyecto para Dios. La relación de almas compañeras es a menudo muy compatible, aunque no contiene la profundidad de la relación de llamas gemelas.

María y José, los padres de Jesús, eran almas compañeras, que compartieron la responsabilidad de nutrir al Cristo en su hijo. Las llamas gemelas de ambos estaban ascendidas en los reinos superiores de luz, mientras sostenían el equilibrio para su misión.

Una relación de almas compañeras no tiene que dar como resultado una relación matrimonial. Sin embargo, un matrimonio de almas compañeras es a menudo una unión armoniosa. Muchas personas, quienes aún están hoy equilibrando karma, pero que están en el sendero espiritual, se encuentran atraídos hacia sus almas compañeras para el cumplimiento de un dharma compartido o de una labor sagrada.

Parejas kármicas

Podemos también tener relaciones con personas, con quienes hemos hecho karma en nuestra vidas pasadas, buen karma y mal karma. Algunas veces, cuanto peor el karma, más intenso el impacto cuando nos vemos por primera vez, pues es Dios, el Dios que nosotros mismos hemos aprisionado a través de la actividad negativa del pasado; y corremos a saludar a esa alma, para liberarla de nuestras propias transgresiones pasadas de su ser. Y amamos mucho, pues se debe perdonar mucho.

Una experiencia negativa intensa del pasado, tal como violencia, odio pasional, asesinato, descuido de los propios hijos, la familia, algo en lo que has estado involucrado con alguien más, que ocasionó un desequilibrio tanto en su alma, en la tuya y tal vez en la vida de muchos, se experimenta como un peso en el corazón y una ausencia de resolución a nivel del alma. Esta es una condición muy agobiante, que perturba nuestra conciencia, hasta que se resuelve mediante el amor.

En una relación kármica, dos individuos se atraen para el equilibrio de un karma mutuo. Cuando estas relaciones resultan en matrimonio, estos pueden ser difíciles, pero son importantes para el logro de la maestría en el sendero espiritual.

El esposo y la esposa pueden saldar el karma que tienen juntos y por ello, progresar grandemente en el sendero. Pueden también obtener buen karma, a través de un servicio conjunto a la vida o a través del patrocinio y educación de sus hijos.

Algunos de estos matrimonios pueden otorgar la oportunidad de equilibrar severos crímenes de asesinato, traición u odio extremo. Muy a menudo, la única manera en que podemos vencer el registro del odio intenso es por medio del amor intenso expresado a través de la relación matrimonial.

No todas las relaciones kármicas terminan en matrimonio. Sociedades comerciales, relaciones familiares y otras conexiones kármicas también permiten encontrar a aquellos con quienes tenemos karma, que requiere resolución. El uso de la llama violeta puede permitir el equilibrio del karma, sin entrar en un matrimonio. Sin embargo, si este fuera necesario, la llama violeta puede allanar el camino y aliviar los lugares turbulentos en el camino de la vida.

Tu alma sabe por qué has venido a encarnación. Tus instructores espirituales y tu ser Crístico te han dicho: «Existe una situación con fulano de tal que requiere resolución». A niveles internos, el alma que está en su sendero hacia el hogar (se dirige al hogar hacia el Dios Padre-Madre) es muy consciente y deseosa de rectificar los errores del pasado, los tiempos de las siembras ignorantes y erróneas, pues sabe que hacerlo, es el único camino para regresar al lugar celestial, desde donde comenzamos. Y, por tanto, anhelamos la integridad; buscamos al que necesitamos encontrar para hallar nuestro camino de regreso al hogar.

Sin importar la situación, podemos proporcionar amor y asistencia, servicio y buena voluntad a todos a quienes conozcamos. Cuando hagamos esto y usemos la llama violeta generosamente, podemos equilibrar nuestro karma, cualquiera sea el origen y promover en gran manera nuestro progreso en el sendero espiritual.

La unión matrimonial

Dios ha bendecido la institución humana del matrimonio como una oportunidad para que dos personas desarrollen la integridad. Ya sea que la unión sea de llamas gemelas, almas compañeras o parejas kármicas, el matrimonio de un hombre y una mujer es la conmemoración de la reunión del alma con la amada Presencia YO SOY a través del Cristo, el bendito mediador.

El intercambio de amor divino en la relacional matrimonial está destinado a ser el mismo amor creativo de Dios Padre y Dios Madre que formaron el universo en el principio. Este flujo creativo se puede expresar no solo en la unión física, sino también durante los ciclos del celibato dedicado, cuando cada miembro de la pareja va hacia el interior a comulgar con la Presencia YO SOY.

El intercambio de las energías sagradas en la unión sexual es para la transferencia de esferas de conciencia cósmica, un intercambio de luz de los cuerpos causales. La energía de luz que resulta de esta fusión aumenta las cualidades positivas de cada uno de los miembros, fortalece su propia identidad divina y les permite llevar su carga compartida de karma. Como la unión está consagrada al amor de Dios, la combinación armoniosa de las energías puras del padre y la madre produce el hijo, la conciencia Crística, ya sea en la forma de un niño, una inspiración, una empresa exitosa o una obra de arte.

Cuando este intercambio no se espiritualiza a través del reconocimiento de que Dios es tanto el amante como el amado, las dos personas pueden experimentar placer físico, pero también pueden asumir, sin saberlo, los patrones kármicos de cada uno, sin el beneficio de un amor espiritualmente transmutador. Esto puede explicar las frecuentes crisis de identidad, que sufren quienes tienen relaciones íntimas casuales; pueden adoptar tantas identidades kármicas, que neutralizan efectivamente la propia y ya no saben quiénes son realmente.

Relaciones en Acuario

No existe una sola relación, ya sea con amigos, esposo y esposa, nuestros hijos, hermanos y hermanas, parientes, relaciones profesionales y colaboradores, que no requiera de trabajo, si deseamos que perdure. Todos nos entregamos con el fin de sostener una interacción con armonía y amor con todas las personas.

En la aceleración de nuestra alma hacia Acuario, estamos cerrando los cabos sueltos de nuestro karma con una cantidad de gente en este ciclo de historia. Los matrimonios kármicos y otras condiciones en la vida pueden ir y venir y suceden con un propósito. Y podemos experimentar más de una de estas relaciones.

Los Maestros no se oponen al divorcio, si la falta de armonía es tan grande que hacen más karma juntos que separados; o si el karma de la relación se ha equilibrado y los miembros pueden ahora seguir libremente sus caminos por separado. Sin embargo, en tanto el karma permanece (a menos que haya medios alternativos para resolverlo) estas relaciones deben ser vinculantes.

Mientras estás en el medio de ellas, podemos hacer de estos matrimonios una celebración en la

Tierra de nuestra unión interna con nuestra llama gemela. Esto es legítimo. Lo que no es legítimo es tratar tal relación con desánimo o incluso resentimiento, sin dar lo mejor y el amor más ferviente de tu corazón. Si dices:

«Bien, esta persona no es mi llama gemela y es solo una situación kármica; entonces, le entregaré un esfuerzo simbólico y esperaré el momento hasta que se manifieste la real». Esa es una buena manera de prolongar la resolución de tu karma y de hacer más karma.

Lo que es importante es que miremos la vida con la comprensión de que quien sea con quien estamos tratando, *es Dios*. La persona es Dios en manifestación. La llama divina es Dios. El potencial es Dios. Y debemos amar a esa persona con todo nuestro corazón, con el amor más puro y elevado que podríamos tener por Dios y por nuestra llama gemela. Ese amor es liberador. Es una fuerza transmutadora.

También necesitamos el perdón en las relaciones. Necesitamos perdonar generosamente a los demás y perdonarnos a nosotros mismos, porque ese es todo el punto del karma. Todos tenemos mucho para perdonar y mucho para ser perdonados; de lo contrario, no nos encontraríamos en este planeta en este punto en el tiempo y el espacio.

Entonces, no importa si estás casado con tu llama gemela o si alguna vez la has conocido. Lo que importa es que te des cuenta del carácter sagrado del matrimonio y de la relación entre hombre y mujer y que esta polaridad siempre es representativa del Dios Padre-Madre.

CAPÍTULO 9

El plan de la victoria

El plan de la victoria para los niños de Dios se definió con nobleza en la vida de Jesús y de muchos otros avatares que fueron enviados por Dios. Ellos son modelos, quienes señalan el camino de la libertad a las generaciones, que han perdido su contacto, no solo con Dios, sino también con las huestes celestiales y los elementales. La ascensión y la superación de toda condición vinculante que debe precederla son el legado y lo más destacado de la vida de todos los que nacen de Dios.

Cuando a través del servicio a la vida, un hijo o hija de Dios alcanza la maestría sobre las circunstancias externas, equilibra el cincuenta y uno por ciento de su karma y cumple la misión divina, que es el plan singular para su corriente de vida, puede entonces regresar al trono de gracia y perfeccionarse en el ritual de la ascensión. Una vez que ha ascendido, se lo conoce como un Maestro Ascendido. Aquí, la vida comienza realmente y se ordena al hombre como sacerdote del fuego sagrado en el servicio eterno y siempre creciente a su Dios.

Toda la vida (de ahí, todo lo divino) está en el proceso de ascender, cuando sigue el desarrollo divinalmente natural de evolución espiritual. Por lo tanto, a través de la ascensión, los ángeles, los elementales y los hombres encuentran su camino de regreso al corazón de Dios.

Todo el cielo nos exhorta a buscar nuestra propia Cristeidad por muchas razones. Jesús dijo a sus discípulos que, si bebieren cosa mortífera, no les hará daño.[52] Ese es el camino de los santos. Pueden transmutar cualquier cosa que entre en su cuerpo y en el cuerpo del planeta.

Todo es posible con Dios. Si suficientes adeptos espirituales vivieran en una ciudad o un hogar, estos podrían tener una cúpula de protección sobre ellos para que nada pudiera penetrar.

Tal vez, así es como la capilla St. Paul, solo a unas cuadras del World Trade Center, permaneció intacta como resultado de los ataques terroristas del 11 de setiembre de 2001.

Esta asombrosa historia se publicó en *The Boston Globe*.

La capilla St. Paul es el edificio público más viejo de Manhattan. Contiene los óleos más antiguos conocidos, que representan el gran sello de los Estados Unidos y los monumentos y lápidas de algunos de los primeros héroes del país. George Washington visitó esta capilla en 1789, luego de su toma de posesión en el salón federal cercano.

Cuando la policía escoltó al Rev. Lyndon Harris temprano en la mañana del 12 de septiembre, no podía creer lo que veía. Aunque todos los edificios alrededor estaban destruidos y la capilla estaba rodeada de trozos de acero y escombros, de alguna manera St. Paul permanecía intacta; ni siquiera se había roto una ventana. El Rev. Harris dijo: «Es difícil decir que esto no es un milagro, el fruto de alguna intervención divina. Creo que se erige como un faro de esperanza y una metáfora de honor frente al mal».

Los bancos de la capilla se convirtieron muy rápido en camas para los policías, los bomberos y los soldados que descansaban de sus turnos. Cientos de rescatistas se alimentaron en la capilla y también sirvió como depósito de suministros. El oficial de policía David Capellini dijo: «Es increíble lo pacífico que puede ser este lugar, si considera-mos todo lo que está pasando a su alrededor».

No hay duda de que muchos se tomaron el tiempo para detenerse en la oración y para leer las palabras de la plegaria de un soldado de hace mu-chos años. Grabadas en bronce en la pared están las palabras del ser Crístico George Washington:

«Dios Todopoderoso, rogamos fervientemente que mantengas a los Estados Unidos bajo tu sa-grada protección».[53]

Conectados con Dios

Si no estamos conectados con Dios a través del Espíritu Santo todos los días y a cada hora del día, nos será muy difícil hacer frente a las fuerzas planetarias de oscuridad y, mucho menos, resolver los muchos problemas que enfrentan las naciones en estos tiempos de aflicción.

No importa si eres imperfecto, si no estás ins-truido o no has desarrollado la automaestría, Dios es la totalidad de ti y en ti. Cuando decides volver tu vida por completo hacia Él, cuando decides volver tu templo corporal hacia Él, Él puede actuar a través de ti y sus ángeles pueden estar contigo. Los tiempos en que vivimos exigen unidad de propósito. Este es un momento para que todos nos conectemos con Dios y con nuestro Yo Superior.

Cuando el Señor permite que su manto descienda sobre ti, cuando tu Yo Superior, tu Presencia YO SOY desciende sobre ti, entonces Dios te otorga el poder para desafiar a las fuerzas del mal, en primer lugar, a esas fuerzas que has permitido que se alojen en ti y luego a aquellas que se aprovechan de los más cercanos a ti. Puedes ayudar a tus seres queridos y reafirmarlos con fortaleza, porque comulgas diariamente con oración, con amor y con servicio a tu Dios. Dondequiera que vivas, en cualquier ciudad, estado o nación, eres una columna de fuego.

¡Puedes mantener la llama en tu ciudad! ¡Pues mantén esa vela encendida! Como dijo el Maestro, tiempo atrás: «Vosotros sois la luz del mundo. Una ciudad asentada sobre un monte no se puede esconder».[54]

CAPÍTULO 10
Acerca de
Elizabeth Clare Prophet

Maestra, autora, Mensajera, profeta, el papel singular de Elizabeth Clare Prophet se extiende más allá de los límites normales de la relación estudiante-instructor. Con su difunto esposo Mark, ahora el Maestro Ascendido Lanello, fundó The Summit Lighthouse, un movimiento mundial de los Maestros Ascendidos, como un vehículo para la publicación de sus enseñanzas y para el mejoramiento y elevación de la humanidad.

En su papel como Mensajera, ha recibido miles de mensajes de los Maestros Ascendidos.

Mensajes desde el reino celestial

La señora Prophet describe el proceso, por el cual ella recibe mensajes de Dios, los Maestros y los ángeles:

Recibo esta profecía a través del poder del Espíritu Santo, a la manera de los antiguos profetas y apóstoles. Cuando la transmisión se está por realizar, entro en un estado meditativo y me sintonizo con el Señor Dios o su representante. La Presencia del Señor o la de un Maestro Ascendido, un ser cósmico o un arcángel viene a mí, las palabras y la luz fluyen con un poder y una personalidad que no me pertenecen.

Esta congruencia de mi alma con la Palabra viva de Dios es lo que llamo un dictado, pues las palabras son dictadas a mí, aún mientras estoy hablándoles con la vibración del orador divino. Es en verdad un suceso divino, del cual Yo solo soy el instrumento. Es un don del Espíritu Santo y no algo que yo pueda hacer que suceda... la única manera de describir esta experiencia, es decir, en las palabras del profeta: "El espíritu del Señor está sobre mí".

Los dictados se graban en video y en cintas de audio y se publican en textos impresos como *Perlas de Sabiduría*. Un dictado contiene la luz y la energía del Maestro. La espiral de luz en las palabras es para tu aceleración e iniciación espiritual. La enseñanza, cuando se aplica, puede cambiar tu conciencia, ser y mundo.

Un Gurú para los estudiantes
de los Maestros

En esta era, a través del manto de los Mensajeros, tenemos la oportunidad de establecer una vez más la relación Gurú-chela con los Maestros Ascendidos. Esta bendita relación trasciende los límites de esta octava. Es un lazo del corazón, forjado por el amor del Gurú por su chela, que se devuelve mediante el amor y la confianza del estudiante por el maestro.

El amor del Gurú y el chela es un amor que está más allá de toda comprensión de la mente externa. En nuestra relación original con Dios, todos conocimos la ternura de este amor y, sin embargo, en algún lugar a lo largo de la trayectoria de la existencia en los vastos eones del tiempo y el espacio, nos apartamos de la preciosa relación del gurú y el chela. El amor de la relación Gurú-chela no es comprendido en este mundo. De hecho, a menudo se lo rechaza en gran manera. La raíz hindú de la palabra *chela* significa «esclavo». A los que atacan esta relación les encanta mencionar esto, pues ellos señalan a los falsos gurús, quienes en verdad esclavizan a sus chelas, con ningún amor en absoluto.

Sin embargo, en realidad implica un interés personal iluminado convertirse en el siervo, el chela, del verdadero maestro. Cuando servimos al Maestro que está ascendido, nos ponemos su manto y su Cristeidad, día tras día.

Hemos dicho: «Oh, Maestro, te ayudaré a completar tu karma o te ayudaré a cumplir tu dharma, que es tu misión y tu deber en el planeta». Y el Maestro está agradecido, porque necesita de manos y pies en la Tierra. Y entonces, si el Maestro decide que eres alguien con quien él puede tener una relación de confianza, se establecen los vínculos y la luz del Maestro fluye hacia su siervo.

El manto del Gurú

Elizabeth Clare Prophet habla acerca de lo que significa llevar el manto de Gurú:

Un gurú es un instructor espiritual, quien no solo les enseña acerca del sendero espiritual, sino que también da el ejemplo acerca del modo en que deben recorrer ese sendero. Al llevar el manto del Gurú, yo soy el siervo de la luz de Dios en ustedes, el defensor de su alma. Estoy aquí para asistirlos y protegerlos en su sendero espiritual. Estoy aquí para ayudarlos a encontrar el camino de regreso a Dios.

No existe mayor amor que el amor que se comparte entre el gurú y su chela. Entregan su vida uno por el otro en una unión sagrada. Tomen el ejemplo de Elías y Eliseo, registrado en el Antiguo Testamento. Es uno de mis ejemplos favoritos de la relación Gurú-chela.

Dios ordenó al profeta Elías que encontrara a Eliseo y lo ungiera como su sucesor. Eliseo estaba arando con doce yuntas de bueyes, cuando Elías pasó y arrojó su manto sobre él. Eliseo renunció a su anterior forma de vida y sirvió al profeta.

Años más tarde, al saber que el Señor iba a llevarse a su Maestro, Eliseo pidió recibir una doble porción del espíritu de Elías. El profeta dijo a Eliseo que, si este lo veía, cuando fuera separado de él, entonces Eliseo recibiría en verdad esa porción doble.

Mientras iban caminando y hablando, un carro y caballos de fuego los apartó a los dos y Elías subió al cielo en un torbellino. Eliseo tomó sus vestidos y los rompió en dos partes y alzó el manto o capa de Elías, que se había caído de su Maestro. Con el poder del Espíritu Santo, Eliseo golpeó las aguas del Jordán con el manto de Elías. Las aguas se apartaron y Elías pasó.

Durante miles de años, los grandes maestros

espirituales de la humanidad transfirieron su manto y su enseñanza a los discípulos que lo merecían. Alrededor de cada sucesivo maestro, se reunían los estudiantes dedicados a estudiar esa enseñanza y convertirse luego en el ejemplo vivo de esa enseñanza. Algunas veces, estas se escribieron. Otras veces solo pasaron de maestro a estudiante en una cadena inquebrantable.

Con la transferencia del manto del maestro al discípulo, viene la transferencia de la responsabilidad. El discípulo promete continuar la misión de su maestro. Para que la obra de la Gran Hermandad Blanca continúe en la Tierra, alguien en encarnación debe llevar el manto del Gurú.

Actualmente, hay pocos gurús verdaderos en encarnación, quienes están patrocinados por la Gran Hermandad Blanca. El linaje de los Gurús que me han patrocinado y cuya enseñanza estoy comprometida a transmitir y a sostener, es un linaje especial en la Gran Hermandad Blanca. La cadena de jerarquía en este linaje sigue desde Sanat Kumara al Buda Gautama, Señor Maitreya, Jesucristo y luego Padma Sambhava.

Hoy, los Maestros Ascendidos presentan un sendero y una enseñanza, por medio de la cual todo individuo de la Tierra puede desarrollar su propia relación individual con Dios. No pretendo ser una maestra, sino solo el instrumento de los Maestros Ascendidos. Tampoco pretendo ser perfecta en mi yo humano. Yo soy el siervo de la luz en toda la gente. Mis libros y enseñanzas están destinados a dar a las personas la oportunidad de conocer la verdad que puede liberarlos. Mi meta es llevar a los verdaderos buscadores tan lejos como puedan y deban ir para encontrar a sus verdaderos maestros cara a cara.

Una cápsula de luz
de liberación gradual

Hemos tenido una misión de veinticinco años y
más con estos Mensajeros. No podría daros todo
en un dictado, pero lo puedo colocar en una cápsula,
una cápsula de luz, por así decir, con una liberación
gradual. Pero es la liberación de los ciclos eternos, que
ha de venir a través de la llama de vuestro corazón,
mientras mi llama con la vuestra apoye la transmutación alrededor de vuestra llama trina y os per-
mita despertar a la semejanza de Dios.

Saint Germain[55]

Mantras y decretos

DECRETO DE FUEGO VIOLETA Y TUBO DE LUZ

por el Maestro Ascendido Saint Germain

Oh mi constante y amorosa Presencia YO SOY, tú, Luz de Dios sobre mí cuyo resplandor forma un círculo de fuego ante mí para alumbrar mi camino:

¡YO SOY quien te invoca con plena fe para que coloques desde mi propia Poderosa Presencia Divina YO SOY un gran pilar de Luz alrededor de mí ahora mismo! Mantenlo intacto a cada momento que pase, manifestándose como una lluvia reluciente de la bella Luz de Dios a través de la cual nada humano puede jamás pasar. ¡Dirige al interior de este bello círculo eléctrico de energía cargada divinamente, una rápida oleada del fuego violeta de la clemente y transmutadora llama de la Libertad!

¡Haz que la energía siempre en expansión de esta llama proyectada hacia abajo al campo energético de mis energías humanas, convierta completamente toda condición negativa en la polaridad positiva de mi Gran Ser Divino! Que la magia de su misericordia purifique con Luz mi mundo de tal manera que todos aquellos con los que entre en contacto sean siempre bendecidos con la fragancia de violetas desde el mismo corazón de Dios, en memoria del bienaventurado día del amanecer en el que toda discordia, causa, efecto, registro y memoria sea convertida para siempre en la Victoria de la Luz y la paz del Jesucristo ascendido.

YO SOY quien acepta ahora constantemente el poder y la manifestación plenas de este fíat de Luz y quien lo invoca para que entre en acción instantánea por mi libre albedrío otorgado por Dios, y por el poder de acelerar ilimitadamente esta sagrada emisión de ayuda proveniente del mismo corazón de Dios, ¡hasta que todos los hombres hayan ascendido y sean libres en Dios en la Luz que nunca, nunca, nunca falla!

SAN MIGUEL

En el nombre de la amada, poderosa y victoriosa Presencia de Dios YO SOY en mí, de mi muy amado Santo Ser Crístico, Santos Seres Crísticos de toda la humanidad, amado Arcángel Miguel, amados Gurú Ma y Lanello, todo el Espíritu de la Gran Hermandad Blanca y la Madre del Mundo, vida elemental: ¡fuego, aire, agua y tierra!, yo decreto:

1. San Miguel, San Miguel,
     Invoco tu llama,
   ¡Libérame ahora,
     esgrime tu espada!

Estribillo: Proclama el poder de Dios
     Protégeme ahora;
   Estandarte de Fe
     Despliega ante mí!
   Relámpago azul
     Destella en mi alma,
   ¡Radiante YO SOY
     Por la Gracia de Dios!

2. San Miguel, San Miguel,
     Yo te amo, de veras;
   Con toda tu fe
     Imbuye mi ser.

3. San Miguel, San Miguel,
   y legiones de azul,
   ¡Selladme, guardadme
   fiel y leal!

Coda: ¡YO SOY saturado y bendecido
       con la llama azul de Miguel,
       YO SOY ahora revestido
       con la armadura azul de Miguel! (3x)

¡Y con plena Fe acepto conscientemente que esto se manifieste, se manifieste, se manifieste! (3x) ¡aquí y ahora mismo con pleno Poder, eternamente sostenido, omnipotentemente activo, siempre expandiéndose y abarcando el mundo hasta que todos hayan ascendido completamente en la Luz y sean libres!¡Amado YO SOY! ¡Amado YO SOY! ¡Amado YO SOY!

MÁS FUEGO VIOLETA

Por Hilarión

Amada Presencia YO SOY en mí,
Escucha ahora mi decreto:
Haz realidad la bendición por la que invoco
Al Cristo de todos sin excepción.
Que la llama violeta de la Libertad
Ruede por el mundo para todos sanar;
Satura a la Tierra y a todos sus seres
Con el brillo del Cristo de eterno fulgor.

Yo soy esta acción desde Dios en lo alto,
Sostenida por la mano del amor del Cielo,
Transmutando las causas de discordia aquí,
Eliminando todo núcleo para que nadie tenga miedo.
YO SOY, YO SOY, YO SOY,
Todo el poder del amor de la libertad
Elevando a la Tierra hacia el cielo en lo alto
Fuego violeta, ardiente resplandor,
En tu viva belleza está la luz de Dios

Que hace que el mundo, toda vida y yo mismo
Seamos libres eternamente
En la perfección de los Maestros Ascendidos
¡Omnipotente YO SOY! ¡Omnipotente YO SOY!
¡Omnipotente YO SOY!

DECRETO POR LA SAGRADA LUZ
DE LA LIBERTAD

Por Saint Germain

¡Poderosa Luz Cósmica!
Deslumbrante y amada Presencia YO SOY,
    Proclama libertad en todo lugar;
En orden y por control de Dios
¡YO SOY quien restaura la integridad!

¡Poderosa Luz Cósmica!
Detén a las hordas de la oscuridad,
    Proclama Libertad en todo lugar;
Con Justicia y Servicio fiel
¡YO SOY quien se inclina a tus pies!

¡Poderosa Luz Cósmica!
YO SOY el poder de la Ley prevaleciente
    Proclama Libertad en todo lugar;
Ensalzando en todos la buena voluntad
¡YO SOY la libertad todavía viviente!

¡Poderosa Luz Cósmica!
Todas las cosas correctas serán
    Proclama Libertad en todo lugar;
En la Victoria del Amor todos vivirán,
¡YO SOY la Sabiduría que todos conocerán!

YO SOY la sagrada Luz de la Libertad
   ¡Nunca más sin esperanza!
YO SOY la sagrada Luz de la Libertad
   ¡Con todos la comparto siempre!
¡Libertad, Libertad, Libertad!
    ¡Expándete, expándete, expándete!
¡YO SOY, YO SOY, YO SOY
   Por siempre YO SOY Libertad!

YO SOY LA LLAMA VIOLETA

YO SOY la llama violeta
   En acción en mí ahora
YO SOY la llama violeta
   Solo ante la luz me inclino
YO SOY la llama violeta
   poderosa fuerza cósmica
YO SOY la luz de Dios
   Resplandeciendo a toda hora
YO SOY la llama violeta
   Brillando como un sol
YO SOY el poder de Dios
   liberando a cada uno.

LA LEY DEL PERDÓN

Amada, poderosa y victoriosa Presencia de Dios YO SOY en mí, amado Santo Ser Crístico, amado Padre Celestial, amado gran Consejo Kármico, amada Kuan Yin, Diosa de la Misericordia, amados Gurú Ma y Lanello, todo el Espíritu de la Gran Hermandad Blanca y la Madre del Mundo, vida elemental: ¡fuego, aire, agua y tierra!

En el nombre y por el poder de la Presencia de Dios que YO SOY y por el poder magnético del fuego sagrado del que estoy investido, invoco la Ley del Perdón y la llama violeta transmutadora por toda transgresión de tu Ley, toda desviación de tus alianzas sagradas.

Restaurad en mí la Mente Crística, perdonad mis caminos errados e injustos, hacedme obediente a vuestros preceptos, dejad que camine humildemente con vosotros todos mis días.

En el nombre del Padre, de la Madre, del Hijo y del Espíritu Santo, yo decreto por todos a los que haya ofendido alguna vez y por todos los que me hayan ofendido alguna vez:

> ¡Fuego Violeta*, envuélvenos! (3x)
>
> ¡Fuego Violeta, guárdanos! (3x)
>
> ¡Fuego Violeta, libéranos! (3x)

YO SOY, YO SOY, YO SOY el que está rodeado
   por un pilar de llama violeta*,
YO SOY, YO SOY, YO SOY quien abunda en
   puro Amor por el gran nombre de Dios,
YO SOY, YO SOY, YO SOY completo
   por tu patrón de perfección tan bello,
YO SOY, YO SOY, YO SOY la radiante llama
   del Amor de Dios que desciende
   gentilmente por el aire.

   ¡Desciende a nosotros! (3x)
   ¡Resplandece en nosotros! (3x)
   ¡Satúranos! (3x)

   ¡Y con plena Fe acepto conscientemente que
esto se manifieste, se manifieste, se manifieste!
(3x), ¡aquí y ahora mismo con pleno Poder, eternamente sostenido, omnipotente- mente activo,
siempre expandiéndose y abarcando el mundo
hasta que todos hayan ascendido completamente
en la Luz y sean libres! ¡Amado YO SOY! ¡Amado
YO SOY! ¡Amado YO SOY!

---

*Se puede usar «llama de misericordia» o «llama morada», en lugar de
«llama violeta».

ENVÍA LLAMA VIOLETA, SAINT GERMAIN

1. Envía Llama Violeta, Saint Germain,
   Haz que limpie el núcleo de mi ser,
   Benditos, Orómasis y Zadquiel,
   Haced que se expanda más y más

Estribillo: Ahora mismo resplandece y satura,
   Ahora mismo expande y penetra;
   Libéranos para ser la mente de Dios,
   Ahora mismo y por la Eternidad.

2. Estoy en la Llama y allí permanezco,
   Estoy en el centro de la mano de Dios
   Estoy colmado de un matiz violeta,
   Estoy saturado por completo.

3. YO SOY la Llama de Dios en mi alma,
   YO SOY la meta destellante de Dios;
   YO SOY, YO SOY el fuego sagrado,
   Siento el flujo del júbilo inspira

4. La Conciencia de Dios ahora en mí,
   Me eleva al Cristo que veo aquí.
   Descendiendo ahora en la Llama Violeta,
   Le veo venir a reinar para siempre.

5. Envía, oh Jesús, tu Llama Violeta,
   Santifica la esencia de todo mi ser;
   Bendita María, en el nombre de Dios,
   Auméntala y hazla más intensa.

6. Poderoso YO SOY, envía Llama Violeta,
   Purifica la esencia de todo mi ser;
   Maha Chohán, oh Santo Ser,
   Expande el bello sol de Dios.

*Coda: Me toma de la mano para decirme:
         Amo tu alma cada día bendito;
         Elévate ahora en el aire conmigo
         Donde libre serás de todo cuidado;
         Mientras siga ardiendo la Llama Violeta,
         Yo sé que lograré ascender contigo.

*Debe recitarse al final del decreto.

INVOCACIÓN DE ILUMINACIÓN

Cristo vivo dentro y a mi alrededor
Destella llama de iluminación,
Sabia abundancia rodéame ahora
Dominio divino reina por siempre.

Corona mi frente con resplandor dorado
Procedente de la sabiduría de tu luz;
Corona mis acciones con la evidencia
Del poder Crístico de la iluminación.

YO SOY, YO SOY la llama dorada
De la iluminación brillando límpida
Desde el corazón del bienaventurado
Lanto aquí en el Royal Teton.

Destella, oh, destella tu brillante resplandor
A través de mi ser interno ahora;
Vierte verdadera luz en mi sendero
Con un rayo de la fuente de la sabiduría.

Luz, expándete ahora
Para rodear todo rincón de la Tierra;
Venid, conceded a todo hombre vuestra bendición
Hermanos de la túnica dorada.
Cristo viviente alrededor de mí ahora,

Destella con todo tu poder de sabiduría.
Brillando tu Verdad, de mí nadie puede dudar;
Expándete en mí en todo momento.

Corona mi corazón y mente con fuego
Encendido en tus brillantes altares;
Que un halo de tu Sabiduría honre
A todo niño de la Luz.

¡Salve, Santo Royal Teton,
Hermanos del rayo de sabiduría!
Intensifica tu resplandor dorado,
que el sol de Luz gobierne.

Venid, Apolo, Lúmina,
Dad sabiduría para percibir
El patrón perfecto para toda vida, el método
Y la manera de tejerlo.

Bendito Jofiel, querido Arcángel
Expón en la página de la Sabiduría
El edicto que hará llegar
la era dorada venidera.

INTROITO AL SANTO SER CRÍSTICO

En el nombre de la amada, poderosa y victoriosa Presencia de Dios YO SOY en mí, de mi amado Santo Ser Crístico, a través del poder magnético del fuego sagrado investido en la llama trina de Amor, Sabiduría y Poder que arde dentro de mi corazón, yo decreto:

1. Santo Ser Crístico encima de mí,
   Tú, equilibrio de mi alma,
   Que tu bendito resplandor
   Descienda y me haga integro.

Estribillo: Tu Llama dentro de mí arde siempre,
   Tu Paz a mi alrededor siempre se eleva,
   Tu Amor me protege y me ampara,
   Tu deslumbrante Luz me envuelve.
   YO SOY tu triple radiación,
   YO SOY tu Presencia viva
   Que se expande, se expande,
   se expande ahora.

2. Santa Llama Crística dentro de mí,
   Ven, expande tu Luz trina;
   Colma mi ser con toda la esencia
   Del rosa, azul, dorado y blanco.

3. Santa conexión con mi Presencia,
Amigo y hermano por siempre querido,
Deja que guarde tu santa vigilia,
Que sea tú mismo en acción aquí.

¡Y con plena Fe acepto conscientemente que esto se manifieste, se manifieste, se manifieste! (3x), ¡aquí y ahora mismo con pleno Poder, eternamente sostenido, omnipotentemente activo, siempre expandiéndose y abarcando el mundo hasta que todos hayan ascendido completamente en la Luz y sean libres! ¡Amado YO SOY! ¡Amado YO SOY! ¡Amado YO SOY!

MANTÉN MI LLAMA ARDIENDO

Mantén mi Llama ardiendo
Con el Amor de Dios aumentando,
¡Dirígeme y manténme en mi legítimo lugar!

Presencia YO SOY, siempre cercana,
Manténme consciente de tu Gracia;
Llama de Cristo, siempre alegrándome,
¡Muestra tu rostro sonriente en mí!

ORACIÓN PARA LA PUREZA

En el nombre de la amada, poderosa y victoriosa Presencia de Dios YO SOY en mí, de mi muy amado Santo Ser Crístico, amado Serapis Bey, amado Arcángel Gabriel, amado Ciclopea, Gran Vigilante Silencioso, amado Elohim de la Pureza, amada Poderosa Astrea, amados Gurú Ma y Lanello, todo el Espíritu de la Gran Hermandad Blanca y la Madre del Mundo, vida elemental: ¡fuego, aire, agua y tierra!, yo decreto:

Amado Serapis, en el nombre de Dios YO SOY
Quien pide que el rayo de la Pureza se expanda
e implora que las sombras dejen de cubrirnos,
ahora anhelando que la pureza aparezca.

Purifica mi mente de impresiones fugaces,
Libera mis sentimientos de direcciones impuras;
Que la memoria guarde el Concepto Inmaculado
Y atesore la perla del precepto del santo Cristo.

Oh recuerdo de radiante prodigio,
Que mi mente en ti medite ahora;
Discriminación Crística, ¡aparta
Todo lo que sea inferior al Triunfo Divino!

Libérame de todo engaño,
Fija mi mente en la Percepción Pura;
Escucha, oh tú, mi invocación,
¡Que mi Ser Crístico se manifieste!

Oh llama de Pureza cósmica
Desde Lúxor, arde a través de mí;
Despeja por completo todo peso sombrío,
¡Hazme ascender ahora a Ti!

¡Y con plena Fe acepto conscientemente que esto se manifieste, se manifieste, se manifieste! (3x), ¡aquí y ahora mismo con pleno Poder, eternamente sostenido, omnipotentemente activo, siempre expandiéndose y abarcando el mundo hasta que todos hayan ascendido completamente en la Luz y sean libres! ¡Amado YO SOY! ¡Amado YO SOY! ¡Amado YO SOY!

YO SOY EL GUARDIÁN DE MI HERMANO

1.   YO SOY el guardián de mi hermano.
      ¡Oh, Dios, ayúdame a ser
      Toda asistencia y servicio,
      Compasión cómo eres Tú!

2.   YO SOY el guardián de mi hermano.
      Oh, Jesús, por tu bendición
      De la llama de la Resurrección
      Danos Consuelo en tu nombre.

3.   YO SOY el guardián de mi hermano,
      ¡Oh Presencia de Dios tan cercana,
      La plenitud de tu bendición,
      Aparece como pura Divinidad!

4.   ¡YO SOY el guardián de mi hermano,
      YO SOY el guardián de su Llama;
      Con poder y saber silenciosos,
      En Tu nombre siempre lo amo!

INTEGRIDAD CRÍSTICA

En el nombre de la amada, poderosa y victoriosa Presencia de Dios YO SOY en mí, de mi muy amado Santo Ser Crístico y amado Jesucristo vierto mi amor y gratitud a mi amado elemental del cuerpo por su fiel servicio siempre. (Deténgase a visualizar su querido elemental del cuerpo en un ovoide de la llama rosa del amor divino).

¡Ordeno ahora al elemental de mi cuerpo que se levante y asuma el dominio completo de toda condición imperfecta que se pueda manifestarse dentro de mi cuerpo físico!

Amado elemental del cuerpo, entra en acción ahora para reparar los desperfectos bajo la guía y dirección de mi amado Santo Ser Crístico, el amado Jesucristo y el diseño inmaculado de mi corriente de vida emitido desde el corazón de mi amada y poderosa Presencia YO SOY, ¡oh tú, Gran Regenerador!

En el nombre de la poderosa Presencia de Dios que YO SOY, por y a través del poder magnético del fuego sagrado del que está investida la llama trina que arde dentro de mi corazón, yo decreto:

1. YO SOY la Perfección de Dios manifestada
   En cuerpo, mente y alma;
   ¡YO SOY la dirección de Dios fluyendo
   Para curarme y mantenerme Íntegro!

Estribillo:

   ¡Oh átomos, células, electrones
   En este cuerpo mío,
   Que la Perfección misma del cielo
   Me haga ahora Divino!

   Las espirales de la Integridad Crística
   Me envuelven con su poder;
   YO SOY la Presencia Soberana
   Que ordena «¡Sé todo Luz!».

2. YO SOY la imagen perfecta de Dios:
   Mi cuerpo está cargado de Amor;
   ¡Que las sombras disminuyan ahora,
   Bendecidas por la Paloma del Consuelo!

3. ¡Maestro querido, Jesús bendito
   Envíame tu Rayo de Curación;
   Lléname con toda tu Vida del cielo,
   Elévame ahora en tus brazos de Amor!

4. ¡YO SOY la Presencia curativa del Cristo,
   Brillando como un sol de compasión,
   YO SOY esa pura Perfección
   Que logra mi perfecta curación!

5. Me cargo, me cargo y me cargo
   Con la luz radiante del YO SOY,
   Siento el flujo de su pureza
   ¡Que ahora todo lo endereza!

¡Y con plena Fe acepto conscientemente que esto se manifieste, se manifieste, se manifieste! (3x), ¡aquí y ahora mismo con pleno Poder, eternamente sostenido, omnipotentemente activo, siempre expandiéndose y abarcando el mundo hasta que todos hayan ascendido completamente en la Luz y sean libres! ¡Amado YO SOY! ¡Amado YO SOY! ¡Amado YO SOY!

VENIMOS AHORA ANTE TU LLAMA

En el nombre de la amada, poderosa y victoriosa Presencia de Dios que YO SOY, por y a través del poder magnético del fuego sagrado del que está investida la llama trina que arde en mi corazón, amados Gurú Ma y Lanello, todo el Espíritu de la Gran Hermandad Blanca y la Madre del Mundo, vida elemental: ¡fuego, aire, agua y tierra! yo decreto:

Jesús querido, oh Ciclopea,
Madre María tan sincera,
Venimos ahora ante tu llama
Para ser curados en el nombre de Dios.
¡Estamos en este lugar en el tiempo
Invocando vuestro toque curativo!

¡Tono de resplandor dorado
Matizado de brillante verde curativo,
Vertiendo Consuelo por toda la Tierra,
Perfección tan serena!

Ven, oh Amor en acción sagrada,
Danos ahora satisfacción Divina.
¡Por el poder de la santa curación
Sellado en la Llama de la Perfección!

YO SOY el que presenta a _____(Nombre o Nombres)_____
Ante vuestra Presencia aquí;
¡Derramad vuestro rayo de amor sobre
_____(él, ella, ellos)_____ ,
¡Emitid vuestra querida bendición!

¡Y con plena Fe acepto conscientemente que
esto se manifieste, se manifieste, se manifieste! (3x),
¡aquí y ahora mismo con pleno Poder, eternamente sostenido, omnipotentemente activo, siempre
expandiéndose y abarcando el mundo hasta que
todos hayan ascendido completamente en la Luz
y sean libres! ¡Amado YO SOY! ¡Amado YO SOY!
¡Amado YO SOY!

TESOROS DE LUZ

1. Fortuna, Diosa de la Provisión,
   Desde la riqueza de Dios en el cielo,
   Libera todos los tesoros del Sol
   Y ahora inviste en todos aquellos

2. Cuyos corazones con la Luz divina laten
   El Poder de atraer desde el reino celestial,
   La abundancia de Dios para expandir el plan
   Que tienen los Maestros para cada hombre.

3. Armoniza aquí nuestra conciencia contigo,
   Expande la visión para que ahora veamos
   Que la opulencia es posible para todos aquellos
   Que se vuelven hacia Dios y hacen el llamado.

4. Ahora ordenamos, ahora exigimos
   Abundante maná desde la mano de Dios,
   Para que ahora abajo, así como Arriba,
   La humanidad exprese el Amor Divino.

AMADO CICLOPEA
OBSERVADOR DE PERFECCIÓN

1. Amado Ciclopea,
    Observador de Perfección,
    Entréganos tu Divina Dirección,
    Despeja para todos el camino de escombros,
    Mantén el Pensamiento Inmaculado para mí.

Estribillo:
    YO SOY, YO SOY quien observa Todo,
    Mi ojo es único mientras imploro;
    Elévame ahora y libérame,
    Que tu santa imagen pueda ser.

2. Amado Ciclopea,
    En tu visión todo lo abarcas
    Con tu Luz mi ser moldea,
    Mi mente y sentimientos depura,
    La Ley de Dios mantén segura.

3. Amado Ciclopea,
    Ojo radiante de Antigua Gracia,
    Con la mano de Dios su Imagen traza
    Sobre todo el tejido de mi alma,
    Elimina los venenos y maténla sana.

4. Amado Ciclopea,
    La Ciudad Cuadrangular por siempre guarda,

Mi plegaria realiza y escucha,
Mi Victoria por los aires proclama,
Mantén la pureza de la Verdad justa.

¡Y con plena Fe acepto conscientemente que esto se manifieste, se manifieste, se manifieste! (3x), ¡aquí y ahora mismo con pleno Poder, eternamente sostenido, omnipotentemente activo, siempre expandiéndose y abarcando el mundo hasta que todos hayan ascendido completamente en la Luz y sean libres! ¡Amado YO SOY! ¡Amado YO SOY! ¡Amado YO SOY!

DECRETO A LA AMADA
PODEROSA ASTREA

En el nombre de la amada, poderosa y Victoriosa Presencia de Dios YO SOY en mí, Poderosa Presencia YO SOY y Santos Seres Crísticos de Guardianes de la Llama, portadores de Luz del mundo y de todos los que van a ascender en esta vida, por y a través del poder magnético del fuego sagrado investido en la Llama Trina que arde dentro de mi corazón, invoco a los amados poderosos Astrea y Pureza, Arcángel Gabriel y Esperanza, amado Serapis Bey y los serafines y querubines de Dios, amados Gurú Ma y Lanello, todo el Espíritu de la

Gran Hermandad Blanca y la Madre del Mundo,
vida elemental: ¡fuego, aire, agua y tierra! para que
coloquéis vuestros círculo cósmicos y espadas de
llama azul en, a través y alrededor de:

Mis cuatro cuerpos inferiores, mi cinturón
electrónico, mi chakra del corazón y todos mis
chakras, toda mi conciencia, ser y mundo.

(incluir aquí peticiones personales)

Soltadme y liberadme (3x) de todo lo que sea inferior a la perfección de Dios y al cumplimiento
de mi plan divino.

1.   Amada Astrea, que la Pureza de Dios
      Se manifieste aquí para que todos vean
      La Voluntad de Dios en el resplandor
      Del círculo y espada de brillante azul.

Primer estribillo:

      Responde ahora mi llamado y ven
      A todos envuelve en tu círculo de luz.
      Círculo y espada de brillante azul,
      ¡Destella y eleva, brillando a través!

2.   De patrones insensatos a la vida libera,
      Las cargas caen mientras las almas se elevan
      en tus fuertes brazos del amor eterno,
      Con misericordia brillan arriba en el cielo.

3.   Circulo y espada de Astrea, brillad,
      Blanco-azul que destella, mi ser depurad,
      Disipando en mí temores y dudas,
      Aparecen patrones de fe y de bondad.

Segundo estribillo:
      Responde ahora mi llamado y ven,
      A todos envuelve en tu circulo de luz.
      círculo y espada de brillante azul,
      ¡Eleva a toda la juventud!

Tercer estribillo:
      Responde ahora mi llamado y ven
      A todos envuelve en tu círculo de luz.
      círculo y espada de brillante azul,
      ¡Eleva a toda la humanidad!

Y con plena Fe acepto conscientemente que esto se manifieste, se manifieste, se manifieste! (3x), ¡aquí y ahora mismo con pleno Poder, eternamente sostenido, omnipotentemente activo, siempre expandiéndose y abarcando el mundo hasta que todos hayan ascendido completamente en la Luz y sean libres! ¡Amado YO SOY! ¡Amado YO SOY! ¡Amado YO SOY!

Haga este decreto una vez, usando el primer estribillo después de cada estrofa. Hágalo por segunda vez, usando el segundo estribillo después de cada estrofa. La tercera vez use el tercer estribillo después de cada estrofa.

Notas

1. Jeremías 31:31, 33.
2. Juan 1:9.
3. Dannion Brinkley, 2 de julio del 2000.
4. Éxodo 3:14, 15.
5. Juan 1:9.
6. El Evangelio de Felipe 67:26–27, en James M. Robin-son, ed., *The Nag Hammadi Library in English*, (La biblioteca de Nag Hammadi en inglés) 3d ed., rev. (San Francisco: Harper & Row, 1988), p. 150.
7. El Evangelio de Tomás, máxima 108, en *The Nag Hammadi Library in English*, p. 137.
8. Arya Maitreya y Asanga, *The Changeless Nature* (La naturaleza inmutable) (*The Mahayana Uttara Tantra Shastra*), trans. Katia Holmes and Ken Tsultim Gyamt-so (Eskdalemuir, Scotland: Kama Drubgyud Darjay Ling, n.d.), p. 21.
9. Apoc. 22:1.
10. Gen. 3:21.
11. Gal. 6:5, 7–10.
12. Dannion Brinkley con Paul Perry, *Salvado por la luz* (New York: Villard Books, 1994), pp. 18, 19.
13. ibid., pp. 20–21.
14. Mateo. 3:17.
15. Juan 7:38.
16. Juan 14:2.
17. Mateo 6:6.

18. Juan 1:9.
19. Juan 3:16.
20. Juan 1:14.
21. Juan 14:26.
22. Lucas 24:49.
23. 1 Cor. 12:8–11.
24. Francis Johnston, *Fatima: The Great Sign* (Fátima: la gran señal) (Washington, N.J.: AMI Press, 1980), p. 139.
25. Encuesta *Time*/CNN conducida en junio de 1996 por Yankelovich Asociados.
26. Dr. William Nolan, citado en Larry Dossey, M.D., *Healing Words: The Power of Prayer and the Practice of Medicine* (Palabras de sanación: el poder de la oración y la práctica de la medicina). (Harper San Francisco, 1993), p. 180.
27. Santiago 5:16.
28. Saint Thérèse de Lisieux, *Soeur Thérèse of Liseux, The Little Flower of Jesus* (La florecilla de Jesús) (New York: J. P. Kennedy & sons, 1914), p. 163.
29. Dr. Alfred A. Tomatis, citado en Tim Wilson, "Chant: the healing Power of Voice and ear," (Canto: el poder curativo de la voz y el oído) in *Music: Physician for Times to Come* (Música: los médicos para los tiempos por venir), ed. Don Campbell (Wheaton, Ill.: Theosophical Publishing house, Quest Books, 1991), p. 13.
30. *A Discourse on Abba Philimon,* (Un discurso sobre Abba Philimon) en *The Philokalia,* comp. St. Nikodimos of the Holy Mountain and St. Makarios of Corinth, trans. g. e. h. Palmer, Philip Sherrard, and Kallistos Ware (London: Faber and Faber, 1981), 2:349.
31. Isaías. 45:11.
32. Job 22:27, 28.
33 Éxodo 3:14, 15.

34. Fil. 2:5.

35. Zac. 2:5.

36. Mateo 5:48.

37. Lucas 9:29.

38. Heb. 1:7.

39. Gen. 1:3.

40. Gen. 1:1.

41. Apoc. 12:7–9.

42. Juan 9:39. 43. Mateo 16:19.

44. Véase Elizabeth Clare Prophet, *Los años perdidos de Jesús* (Corwin Springs, Mont.: Summit University Press, 1987).

45. Juan 14:12.

46. 1 Cor. 6:2–3.

47. Mateo. 7:1.

48. 1 Juan 4:4. 49. Apoc. 19:11.

50. Dan. 7:9, 13, 22.

51. Señor Maitreya, 21 de noviembre de 1976.

52. Marcos 16:18.

53. David Abel, "Still standing: a Chapel spared stirs talk of miracle," (Aún de pie: una capilla salvada provoca rumores de milagro). The Boston Globe, 26 de septiembre de 2001, versión on-line.

54. Mateo. 5:14.

55. Saint Germain, «¡Que paséis todas las pruebas!» en Señores de los siete rayos (Corwin Springs, Mont.: Summit University Press, 1986- Arkano Books, España, 1998-), p. 439.

Recursos recomendados

Libros de Mark y Elizabeth Clare Prophet

Los Maestros y sus retiros
El discípulo y el sendero
Escala la montaña más alta
La ciencia de la Palabra hablada
El aura humana
Caminando con el Maestro
Comunidad
El poder creativo del sonido:
    Afirmaciones para crear, sanar y transformar
Cómo trabajar con los ángeles
Almas compañeras y llamas gemelas:
 La dimensión espiritual del amor y
 las relaciones
Abundancia creativa:
    claves para la prosperidad espiritual y material
Accede al poder de tu Yo Superior
Llama violeta para sanar cuerpo, mente y alma

Libros de Elizabeth Clare Prophet y Patricia R. Spadaro

Alquimia del corazón
El arte de la espiritualidad práctica
Tus siete centros de energía: un acercamiento holístico a la
    vitalidad física, emocional y espiritual

Libros de otros autores

Nacer: una misión, otra oportunidad, compilado por la Dra. Neroli Duffy, basado en las enseñanzas de Elizabeth Clare Prophet
El camino a la inmortalidad, de Annice Booth

Cintas de audio

I'm Stumping for the Coming Revolution in Higher Consciousness (Estoy de gira para la Revolución Venidera en Conciencia Superior)
Técnicas espirituales para sanar cuerpo, mente y alma
Rosario del Niño a la Madre María

Oportunidades para el crecimiento espiritual

Curso de extensión de la Aventura del Espíritu Una excelente introducción gradual a las Enseñanzas de los Maestros y su sendero práctico de espiritualidad. Contiene instrucción y ejercicios espirituales con un CD adjunto.
Perlas de Sabiduría Publicaciones semanales escritas de dictados de los Maestros Ascendidos a través de sus Mensajeros Mark y Elizabeth Clare Prophet. Publicaciones eternas de conocimiento y comprensión espiritual con claves prácticas para tu vida diaria, directamente desde el corazón de los Maestros al tuyo. Publicaciones anteriores de las Perlas de Sabiduría están disponibles en CD-ROM.
Fraternidad de los Guardianes de la Llama Los buscadores espirituales que deseen guardar la llama de la vida a favor de la humanidad pueden unirse a esta fraternidad aconfesional y recibir lecciones mensuales

graduadas de instrucción espiritual. Cuando te unes a la Fraternidad, Saint Germain patrocina tu sendero de iniciación espiritual y promete asistir corazón a corazón en tu viaje de regreso al hogar.

Summit University Seminarios y retiros espirituales de fin de semana o de una semana de duración acerca de una variedad de temas espirituales, que se ofrecen en los Estados Unidos y a nivel internacional. Los cursos de Summit University también están disponibles en línea.

Una nota de los editores

El material de este libro es una síntesis de las Enseñanzas de los Maestros Ascendidos que Mark y Elizabeth Clare Prophet han entregado durante sus muchos años de servicio. La mayor parte de lo que está escrito aquí está compilada directamente de numerosas fuentes publicadas e inéditas.

En algunas secciones, hemos incluido explicación adicional, con el fin de dar una presentación de las enseñanzas completa y de fácil comprensión. Si deseas aprender más acerca de cualquiera de los temas mencionados, recomendamos comenzar con la lista de libros mencionados bajo el título «Recursos recomendados».

Queremos finalizar con nuestra gratitud a los dos Mensajeros, por todo lo que nos han dado en sus más de cuarenta años de servicio. Esperamos que este pequeño volumen ayudará a hacer que sus enseñanzas y las Enseñanzas de los Maestros Ascendidos estén disponibles para una audiencia cada vez mayor de buscadores espirituales.

Los editores
Summit University Press

Para mayor información acerca de cualquiera de estos recursos o para recibir un catálogo gratuito de libros y productos, por favor, contacte a:

The Summit Lighthouse®
63 Summit Way
Gardiner, Montana 59030 USA

1-800-245-5445 / 406-848-9500

Se habla español.

TSLinfo@TSL.org
SummitLighthouse.org

Mark L. Prophet y Elizabeth Clare Prophet son pioneros de la espiritualidad moderna y autores de renombre internacional. Durante más de cuarenta años, los Prophet han publicado las enseñanzas de los santos y sabios inmortales de Oriente y Occidente, conocidos como los Maestros Ascendidos. Juntos, han dado al mundo un nuevo conocimiento de la sabiduría y un sendero de misticismo práctico.

Sus libros, disponibles en las principales librerías del mundo y de manera digital, se han traducido a más de veinte idiomas y se venden en todo el mundo.